中等职业教育精品教材

劳动教育

主　编　蒋开全　杨光强　陶文芳
副主编　刘　锞　罗尚书　陈计葱　冯治国
朱德辉　宋志华　唐　婕　汤庭华
张　飞　吴吉平　王家光
参　编　罗泽海　王祚经　魏保金　陈胜振
冯　芳　李天月

中国人民大学出版社
·北京·

图书在版编目（CIP）数据

劳动教育 / 蒋开全，杨光强，陶文芳主编．-- 北京：
中国人民大学出版社，2022.8
中等职业教育精品教材
ISBN 978-7-300-30646-9

Ⅰ.①劳… Ⅱ.①蒋… ②杨… ③陶… Ⅲ.①劳动教育－中等专业学校－教材 Ⅳ.①G40-015

中国版本图书馆 CIP 数据核字（2022）第 087587 号

中等职业教育精品教材
劳动教育
主　编　蒋开全　杨光强　陶文芳
副主编　刘　锞　罗尚书　陈计葱　冯治国　朱德辉　宋志华
　　　　唐　婕　汤庭华　张　飞　吴吉平　王家光
参　编　罗泽海　王祚经　魏保金　陈胜振　冯　芳　李天月
Laodong Jiaoyu

出版发行　中国人民大学出版社
社　　址　北京中关村大街 31 号　　邮政编码　100080
电　　话　010－62511242（总编室）　010－62511770（质管部）
　　　　　010－82501766（邮购部）　010－62514148（门市部）
　　　　　010－62515195（发行公司）　010－62515275（盗版举报）
网　　址　http://www.crup.com.cn
经　　销　新华书店
印　　刷　天津鑫丰华印务有限公司
开　　本　787 mm×1092 mm　1/16　　版　　次　2022 年 8 月第 1 版
印　　张　10.5　　印　　次　2023 年 8 月第 5 次印刷
字　　数　210 000　　定　　价　36.80 元

Preface 前言

2018年9月10日，习近平总书记在全国教育大会上指出："要在学生中弘扬劳动精神，教育引导学生崇尚劳动、尊重劳动，懂得劳动最光荣、劳动最崇高、劳动最伟大、劳动最美丽的道理，长大后能够辛勤劳动、诚实劳动、创造性劳动"。这无疑是国家领导人立足新时代，对于共和国年轻一代最重要的号召。

2020年3月20日，中共中央、国务院印发《关于全面加强新时代大中小学劳动教育的意见》(以下简称《意见》)，提出把劳动教育纳入人才培养全过程，贯通大中小学各学段，贯穿家庭、学校、社会各方面，与德育、智育、体育、美育相融合，紧密结合经济社会发展变化和学生生活实际，积极探索具有中国特色的劳动教育模式。习近平总书记在致首届大国工匠创新交流大会的贺信中指出：技术工人队伍是支撑中国制造、中国创造的重要力量。我国工人阶级和广大劳动群众要大力弘扬劳模精神、劳动精神、工匠精神，适应当今世界科技革命和产业变革的需要，勤学苦练、深入钻研，勇于创新、敢为人先，不断提高技术技能水平，为推动高质量发展、实施制造强国战略、全面建设社会主义现代化国家贡献智慧和力量。二十大报告指出，我们要在全社会弘扬劳动精神、奋斗精神、奉献精神、创造精神、勤俭节约精神，培育时代新风新貌。本书就是根据习近平总书记的要求，结合中共中央、国务院提出的劳动教育意见，为加强中等职业学校劳动教育而编写的，旨在向学生传授劳动的基础知识和基本劳动技能，培养学生正确的劳动观念，帮助学生养成良好的劳动习惯。

本书以《意见》为指导，强调劳动教育的思想性。全书分为劳动的意义、劳动的精神、劳动的安全、衣之有型、食之有味、劳动创造美、劳动改造生活七章。内容循序渐进，从理论到实践，逐步引导学生树立正确的劳动价值观，让其在劳动中接受锻炼、磨炼意志，懂得劳动创造美好生活的道理，并培养良好的劳动品质。

本书具有以下特点：

1. 以中职生为对象，编写形式力求灵活多样；
2. 内容力求实用，避免理论说教；
3. 语言风格生动活泼、通俗易懂；

4. 注重劳动实践，提升学生劳动素养。

本书可作为中等职业学校劳动教育教材使用，也可供广大师生阅读参考。

由于时间仓促，加之编者水平有限，书中疏漏之处在所难免，恳请广大师生批评指正。

编者

Contents 目录

第一章　劳动的意义

学习目标

1. 了解“空谈误国，实干兴邦”背后的道理。
2. 掌握劳动在个人发展中的作用。
3. 理解什么是正确的劳动观。

案例导入

交大西迁背后的人和事

20世纪50年代，一批交大人响应党的号召，“打起背包就出发”，从上海迁至西安。如今，西安交通大学已发展成为享誉海内外的著名高等学府，持续为西部发展、国家建设贡献智慧和力量。

2020年4月22日，习近平总书记走进西安交通大学西迁博物馆，勉励广大师生弘扬西迁精神。《中国科学报》发表文章披露了交大西迁背后的故事。

“心系祖国”的爱国精神

1955年5月25日，时任交通大学校长的彭康向师生们公布了西迁的决定。

交大西迁之时，彭康已步入天命之年，却以非凡的毅力和卓越的领导力，完成了西迁使命。在对迁校问题发表意见时，他开宗明义：“我们这个多科性工业大学不管如何发挥作用，都要更有利于社会主义建设”“我们的国家是社会主义国家，因此我们学校的问题必须从社会主义建设的合理部署来考虑”。

短短数语，道出了老校长心系国家发展、为人民办好教育的真切情怀。而他的这种情怀，也在交大众多教职员工的身上得到了体现。

在迁校时，被誉为中国“电机之父”的著名电机工程专家、电机工程教育家钟兆琳已经 57 岁。他婉拒周恩来总理考虑他年龄比较大，夫人需要卧床养病，可不必去西安的照顾，孤身一人前往西安。他的感人事迹在西安交大师生中口口相传，称颂至今。

在钟兆琳精神的感召和带动下，他所在系的绝大多数教师都迁至西安。

“艰苦创业”的劳动精神

当时西安的条件十分艰苦：马路不平、电灯不明、电话不灵，用水非常紧张。建校初期，野兔在校园草丛中乱跑，半夜甚至能听到狼嚎。冬天教室仅靠一个小炉子取暖，洗脸水得到工地上去端……虽然条件艰苦，但是大家都精神饱满，干劲十足。

总务长任梦林作为学校后勤事务的大管家，领衔承担新校建设任务。为了保证交大顺利西迁，他所率领的交大工作组与工地建设人员必须在一年的时间内，完成 11 万平方米的建设任务。当时，参加施工的有 2 500 名工人，他们没日没夜地干，每天晚上加班，过春节也只休息三天，大年初四就照常施工。

当时参加建设的基建科科长王则茂回忆说：“那年冬天特别冷，经常风雪交加，地面积雪盈尺，气温低至零下 15℃。施工组的同志们住在工棚，与工人同吃同住，同甘共苦，没有人叫苦，没有任何埋怨。大家从不考虑个人，只有一个共同目标，就是完成迁校任务，支援大西北。”

“无私奉献”的标杆精神

我国热力工程学界先驱陈大燮作为迁校带头人之一，卖掉了在上海的房产，义无反顾地偕夫人首批赴西安参加建校工作。

被学校授予“终身教授”荣誉称号的赵富鑫同样在 1956 年随校西迁，一去便扎根西安 43 年。他一生从事大学物理教学、研究近 70 年，为交大物理基础课程的改革与建设以及中国大学物理教材的编订等做出了突出贡献。

资料来源：中国科学报，2019 - 02 - 20.

第一节　劳动创造世界，劳动改变世界

劳动是人有意识地、自觉地改变环境、改变世界的活动，是人类社会赖以生存和发展

的前提。劳动不仅创造了世界，创造了历史，创造了人本身，还是改变世界的根本力量。

一、劳动是推动人类社会进步的根本力量

人类的劳动是有意识、有思想的，通过劳动，人类不仅创造了绚丽多彩的服饰、风味各异的美食、雄伟壮丽的建筑、智能先进的交通交流工具等物质产品，还创造了思想深邃的图书、震撼人心的影视、婉转动听的音乐等精神文化产品。人类靠劳动养育着自己、完善着自己、成就着自己，同时在劳动中体会到了快乐和成就感，体验到了存在的价值。可以说，劳动是推动人类社会进步的根本力量。

二、空谈误国，实干兴邦

古往今来，凡事成于真、兴于实，败于虚、毁于假。盛唐时期的姚崇，历任武则天、睿宗、玄宗三朝宰相。他临死前，有人问他有什么为政经验，他只讲了四个字——“崇实充实”，意思是说，为政只有崇实，国库才能充实。战国时期的赵括，只会“纸上谈兵”，以致40万赵军全军覆没，赵国从此一蹶不振直至灭亡。此类正反的例子不胜枚举，发人深省。

回望改革开放40多年历程，中国经济持续发展，人民生活水平显著提高。创造今天美好生活的，正是中国共产党的正确领导和亿万人民勤劳智慧的双手，是上上下下苦干实干的精神。没有中国共产党的正确领导和亿万人民的日耕夜作，就不会有今日中国的巨变。

从造出第一颗卫星到实现第一次载人航天，从“解锁”深层页岩气田到科学开发城市地下空间，从开通第一条高速公路到港珠澳大桥（见图1-1）飞架三地……正是千千万万在平凡岗位上默默无闻、无私奉献的劳动者，用勤劳的双手、晶莹的汗水在中华大地上创造出了举世瞩目的人间奇迹。

图1-1　港珠澳大桥

我们沐浴着改革开放的春风、伴随着祖国强盛的步伐成长起来，在和平的环境下接受了优良的教育，享受着幸福的生活。我们不能忘记这样的好生活是如何得来的，要明白社会主义是干出来的，新时代也是干出来的，明白“空谈误国，实干兴邦”的道理，更要自觉培养自己的实干精神，学习榜样，躬身行动，传承劳动精神。

第二节　劳动在个人发展中的作用

“幸福是奋斗出来的”，幸福也是从劳动中获得的。伟大的成绩与辛勤的劳动总是成正比的，付出的劳动越多，创造的幸福就越多。对于中职生来说，“无奋斗不青春”，没有奋斗就没有幸福，奋斗在个人成长中有着至关重要的作用。

一、劳动塑造品格

孟子云：“天将降大任于是人也，必先苦其心志，劳其筋骨……”一个人从幼稚到成熟，从失败到成功，辛苦的劳动是必经之路。人在劳动过程中获得幸福感、成就感，通过劳动磨炼自己的意志，塑造自己的品格。我们常说：“播下一个行动，收获一种习惯；播下一种习惯，收获一种性格；播下一种性格，收获一种命运。”可以这么认为，环境决定行为、行为决定习惯、习惯决定品格。品格的训练不是靠知识传授实现的，可靠性、责任心、独立性、创新性等只有在劳动实践中才能培养出来。

二、劳动激发智慧

我们在学校所学习的任何一门课程都是人类在劳动中积累、总结出的宝贵知识，我们在生活中所使用的任何一件物品都是人类在劳动中积累、总结出的科技成果。劳动不仅促进了人类四肢的进化，更促进了大脑的进化。劳动的过程不仅仅是动手的过程，它还需要认真观察、细心关注，思考如何去做好每件事，并在实践中反思、在反思中改进、在改进中创新。我们只有在重复的劳动过程中才能积累经验、启迪智慧、增长才干。

三、劳动增强体魄

实验证明：在新鲜的空气中劳动，能增强人的生命力，提高大脑的思考能力。参加适度的劳动，能使肌肉和筋骨得到锻炼，能促进新陈代谢，增进神经系统、循环系统、呼吸系统的机能，能提高抗病能力，从而增强体质和强健体魄。同时，劳动还可以培养我们的实践能力和吃苦耐劳的精神。劳动在增强体魄上所起的作用，同运动一样重要。许多劳动都能显示体力与技能、技巧多种多样的结合。

四、劳动创造美

美不仅存在于自然界和艺术中，而且存在于人们的创造性劳动中，劳动能够创造美。受社会欢迎的高质量的产品或服务，探求科学知识的欲望，对生产技艺精益求精的进取心，征服自然、排除困难的坚韧意志和团结互助的集体主义精神……这些都是存在于劳动之中的美。作为青年人，我们要积极主动地通过劳动去发现美、懂得美、理解美、创造美，从而使自己获得真正的美。

我国著名教育家陶行知曾说：“劳动教育的目的，在谋手脑相长，增进自立之能力，获得事物之真知及了解劳动者之甘苦。”劳动凝聚智慧和力量，劳动创造时代的辉煌，作为新时代的青年，我们要在劳动中积累知识、提高技能、锻炼健康的体魄、培养高尚的道德情操，最终成为德智体美劳全面发展的优秀人才。

第三节 正确的劳动观

一、劳动最光荣

实干兴邦，劳动最美。新中国成立后，“五一”国际劳动节被正式确定为国家法定节日。七十多年来，中国共产党团结带领广大工人阶级和劳动人民砥砺奋进，依靠“逢山开路、遇水搭桥”的坚强精神和“脚踏实地、齐心协力”的辛勤劳动，取得了中国特色社会主义事业的伟大成就，谱写了中华民族发展史上最为波澜壮阔的篇章。

民族复兴需要依靠劳动，个人美好幸福生活同样需要靠劳动来创造。世界上没有坐享其成的好事，要幸福就要靠劳动。劳动可以改变个人命运。古今中外出身贫寒的人通过个人劳动和奋斗，最后取得成功的例子不计其数。劳动还可以帮助个人实现自我价值。“三百六十行，行行出状元。”如同那些身怀绝技的“大国工匠”们，即使是在最普通的岗位上，只要能持之以恒、精益求精，将平凡的工作做到极致和经典，也一定能取得事业的成功，并在劳动中收获幸福和快乐，在劳动中让自己的人生价值得以升华。

二、劳动最崇高

2015 年 4 月 28 日，习近平总书记在庆祝“五一”国际劳动节暨表彰全国劳动模范和先进工作者大会上曾说过：“在我们社会主义国家，一切劳动，无论是体力劳动还是脑力劳动，都值得我们尊重和鼓励；一切创造，无论是个人创造还是集体创造，也都值得尊重和鼓励。”劳动最崇高，肯定了劳动者创造的成果，肯定了劳动者自身的价值。只有尊重劳动者的成果，尊重劳动者创造的价值，社会才能不断进步，才会有更多的劳动者崇尚劳模精神和工匠精神。“中国制造 2025”需要更有本领、有知识、有担当的技术工人支撑，需要更多的大国工匠涌现。树立劳动最崇高的社会价值定位，就是为了重塑劳动者的自豪感和自信心，让广大劳动者更积极地投身于社会主义建设事业。

三、劳动最伟大

中华民族是勤于劳动、善于创造的民族。正是因为劳动创造，我们拥有了历史的辉煌；也正是因为劳动创造，我们拥有了今天的成就。劳动的最伟大之处，就在于它推动历史进步，成就历史辉煌，绘就宏伟蓝图。中国改革开放 40 多年的成果是劳动创造的，新中国取得的辉煌成就是劳动者书写的。劳动最伟大，说出了千千万万劳动者的心声。

四、劳动最美丽

“劳动最美丽”是马克思主义劳动美学理论中国化的最新成果。作为时代精神的引领，这一理念正在成为我国工人阶级的思想共识和行动逻辑。

“劳动最美丽”在本质上是劳动者基于其劳动实践而实现美的创造，并通过各种美的劳动形式，彰显劳动者的本质力量和劳动美的价值。其内涵如图 1－2 所示。

劳动美是人类劳动实践的产物；是人类能动的实践活动与动物本能活动的根本区别；是深刻认识和揭示美的本质的一把钥匙；是历史唯物主义理论在劳动实践活动中最深刻的反映。

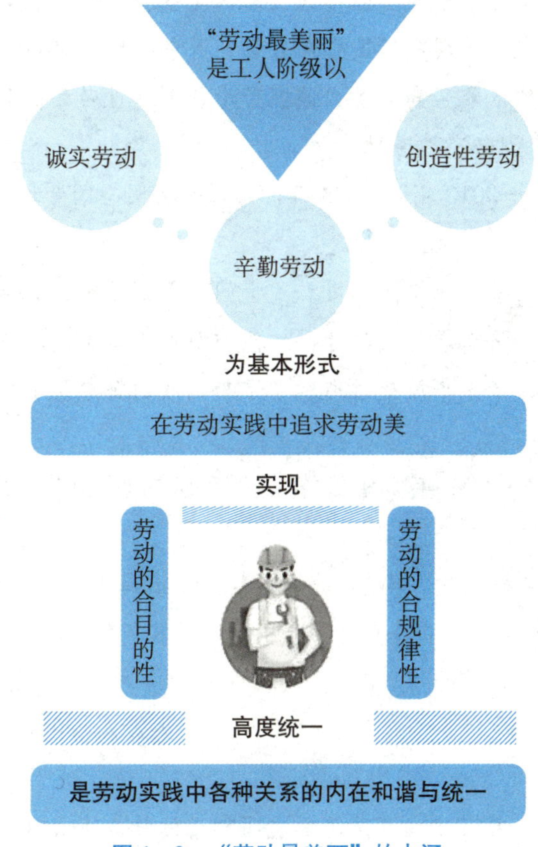

图 1-2　"劳动最美丽"的内涵

拓展阅读

劳动的价值

人民对美好生活的向往，就是我们的奋斗目标。人世间的一切幸福都需要靠辛勤的劳动来创造。我们的责任，就是要团结带领全党全国各族人民，继续解放思想，坚持改革开放，不断解放和发展社会生产力，努力解决群众的生产生活困难，坚定不移走共同富裕的道路。

——2012 年 11 月 15 日，习近平同采访十八大的中外记者见面时指出

"功崇惟志，业广惟勤。"我国仍处于并将长期处于社会主义初级阶段，实现中国梦，创造全体人民更加美好的生活，任重而道远，需要我们每一个人继续付出辛勤劳动和艰苦努力。

——2013 年 3 月 17 日，习近平在第十二届全国人民代表大会第一次会议上的讲话

人民创造历史，劳动开创未来。劳动是推动人类社会进步的根本力量。幸福不会从天而降，梦想不会自动成真。实现我们的奋斗目标，开创我们的美好未来，必须紧紧依靠人民、始终为了人民，必须依靠辛勤劳动、诚实劳动、创造性劳动。我们说“空谈误国，实干兴邦”，实干首先就要脚踏实地劳动。

——2013 年 4 月 28 日，习近平在同全国劳动模范代表座谈时的讲话

劳动是财富的源泉，也是幸福的源泉。人世间的美好梦想，只有通过诚实劳动才能实现；发展中的各种难题，只有通过诚实劳动才能破解；生命里的一切辉煌，只有通过诚实劳动才能铸就。劳动创造了中华民族，造就了中华民族的辉煌历史，也必将创造出中华民族的光明未来。

——2013 年 4 月 28 日，习近平在同全国劳动模范代表座谈时的讲话

劳动是一切成功的必经之路。当前，全国各族人民正满怀信心为实现“两个一百年”奋斗目标而努力。实现我们确立的奋斗目标，归根到底要靠辛勤劳动、诚实劳动、科学劳动。

——2014 年 4 月 30 日，习近平在乌鲁木齐接见劳动模范和先进工作者、先进人物代表，并同他们座谈时强调

全面建成小康社会，进而建成富强民主文明和谐的社会主义现代化国家，根本上靠劳动、靠劳动者创造。因此，无论时代条件如何变化，我们始终都要崇尚劳动、尊重劳动者，始终重视发挥工人阶级和广大劳动群众的主力军作用。这就是我们今天纪念“五一”国际劳动节的重大意义。

——2015 年 4 月 28 日，习近平在庆祝“五一”国际劳动节暨表彰全国劳动模范和先进工作者大会上的讲话

劳动是人类的本质活动，劳动光荣、创造伟大是对人类文明进步规律的重要诠释。“民生在勤，勤则不匮。”中华民族是勤于劳动、善于创造的民族。正是因为劳动创造，我们拥有了历史的辉煌；也正是因为劳动创造，我们拥有了今天的成就。

——2015 年 4 月 28 日，习近平在庆祝“五一”国际劳动节暨表彰全国劳动模范和先进工作者大会上的讲话

幸福不是毛毛雨，幸福不是免费午餐，幸福不会从天而降。人世间的一切成就、一切幸福都源于劳动和创造。

——2015 年 6 月 1 日，习近平在会见中国少年先锋队第七次全国代表大会全体代表时强调

“人生在勤，勤则不匮。”幸福不会从天降，美好生活靠劳动创造。

——2016 年 4 月 26 日，习近平在知识分子、劳动模范、青年代表座谈会上的讲话

梦想属于每一个人，广大劳动群众要敢想敢干、敢于追梦。说到底，实现中华民族伟大复兴的中国梦，要靠各行各业人们的辛勤劳动。

——2016 年 4 月 26 日，习近平在知识分子、劳动模范、青年代表座谈会上的讲话

全党全军全国各族人民要在中国共产党坚强领导下，同心同德，开拓进取，用辛勤劳动创造中国人民的美好生活、创造中华民族的美好未来，继续同世界各国人民一道构建人类命运共同体!

——2019 年 2 月 3 日，中共中央、国务院在人民大会堂举行 2019 年春节团拜会，习近平在发表讲话时强调

第二章 劳动的精神

学习目标

1. 了解劳动精神的意义，领会新时代劳动精神的内涵。
2. 掌握劳模精神的本质，理解新时代劳模精神的内涵。
3. 认知新时代工匠精神的基本内涵，了解工匠精神的当代价值。

案例导入

甘于奉献的农民院士

四十多年前，有一位青年走进云南农业大学开始了学农为农之路，四十多年后有一位院士在澜沧县竹塘乡云山村蒿枝坝带领老乡开启了致富之路。他就是我国植物病理学专家、中国工程院院士、云南农业大学名誉校长朱有勇教授（见图 2－1）。

图 2－1　朱有勇

朱有勇在1977年进入云南农业大学学习植物保护专业，1982年获得农学学士学位，之后留校任教，加入中国共产党。他开创性地从栽培角度探索了利用生物多样性时空优化配置控制病害的新途径。几十年来，他坚持信念，学农爱农，潜心研究，开拓创新，把自己的科学智慧洒在了广袤的祖国大地上，并一生坚守在他所热爱的农学事业上。他曾说他是农民的孩子，读博士时被称为“农民博士”，当选院士时被称为“农民院士”，现在是乡亲们的“农民教授”，一辈子都要为农民服务。他把“家”安在了田间地头，把自己的劳动成果无偿传授给村民，让村民摆脱贫困，用科技托起强国梦。

他注重发展绿色农业。追溯世界农业历史，依赖化学农药控制作物病害不足百年。然而在几千年的传统农业生产中，农民靠什么控制病虫害？为了解答这个问题，朱有勇开始了数十年的科学探索之路。

作物品种单一化大面积种植易造成病虫害暴发流行，是世界农业生产的重大难题。如何既减少农药用量又控制病虫害？这个问题难倒了全球的农科专家。

经过三十多年的研究，朱有勇和他的团队逐渐掌握了作物多样性控制病害的科学原理。“天拉长、地拉宽、站好队、换好位。”朱有勇将作物多样性抗病害的机理，编成了十二字简单的顺口溜。具体来说就是，改变播种节令，打破传统的农业结构；以前都是散种，现在排好队，科学地排列行距和株距；今年这里种这一品种，明年就种植另一品种，利用植物间的相克相生减少病害，达到优质高产。他以科学的方法对病虫害进行有效防控，为绿色农业的发展奠定了基础。

他带领团队在传统技术基础上，进行了品种搭配、空间配置和时间优化的技术创新，发明了马铃薯间套玉米、玉米间套辣椒、烟套粮（豆）等一系列作物多样性控制病虫害新技术，优化了农业结构。

他还以科研成果发展农村特色产业。烈日炎炎的中午，在一个拉祜族村寨的农家小院门口，常可以看见这样的场景：一位年逾六旬的老人招呼身边几位年轻人：“走，铲地去！”说罢扛起一把锄头就往村外马铃薯地走去，几位年轻人也抓起锄头紧随其后。这位老人就是中国工程院院士、云南省科协主席朱有勇，那几个年轻人是他研究团队里的博士。

朱有勇和他的团队经过对澜沧县气候、土壤、降雨等自然条件的分析，利用云南“冬无严寒”的特殊气候条件，避开降雨导致的病害多发期，将马铃薯在11月、12月播种，翌年3月、4月收获，让澜沧成为全国最早上市鲜薯的马铃薯产区之一。从2013年开始，朱有勇带领团队在云南种植冬季马铃薯，并不断扩大规模，已推广了1 000多万亩。由于气候条件要求严格，可种植产地较少，因此冬季马铃薯鲜薯的价格是平常价格的5倍左右。朱有勇将不起眼的马铃薯变成了澜沧县拉祜族山寨的特色产业和致富产业。

同时，朱有勇院士团队经过调研发现，澜沧县境内有大面积退耕还林的思茅松，林下经济大有文章可做。他们发现，松树的挥发物具有很好的驱虫防病作用，在澜沧发展林下优质中药材种植具有得天独厚的优势，是“发财”的好路子。于是他们决定在竹塘乡海拔 1 500 米至 1 900 米的思茅松林下开展具有高经济价值的林下三七种植试验，建立林下三七种植技术标准，辐射澜沧乃至整个普洱市林下经济的发展。

但三七种植有个难题，就是种完一茬后，十几年都不能在这片土地上继续种植三七，农业上称这种现象为“连作障碍”。朱有勇带领团队改变三七的生产方式，模拟三七生长最适合的温度、光照条件以及水肥的需求条件，形成了一套克服连作障碍的人工仿生技术，较好地解决了中药材种植中的连作障碍难题。

一阵春风吹过，思茅松林沙沙作响，干燥的松针轻轻飘落，覆盖在林下的三七苗床上，成为天然的保湿层，让三七避过了冬春干旱季节，改写了三七只能在田地里种植的历史，让中药材种植成为澜沧县的一大特色产业，也成为澜沧县新型特色农业的一张亮眼的名片。

经过两年多的努力，村民们的钱包鼓了起来，种植、养殖产业壮大了起来，日子逐渐好了起来。朱有勇带领他的团队将昔日贫穷的小山村变成了集特色农业、绿色农业、有机农业于一身的新型农村。

第一节　劳动精神——劳动者的成绩单

劳动精神，是指劳动者在劳动中展现的精神状态、精神面貌、精神品质。在马克思主义劳动价值论的指导下，中国广大劳动者经过革命、建设和改革时期的伟大实践，继承中华优秀传统文化基因，孕育了中国特色社会主义劳动精神。劳动精神在理念认知上表现为全社会尊重劳动、崇尚劳动、热爱劳动；在行为实践上表现为广大劳动者辛勤劳动、诚实劳动、创造性劳动。全面建成小康社会，实现中华民族伟大复兴的中国梦，必须依靠劳动，必须依靠广大劳动者。

一、劳动精神的发展基础

劳动精神既体现马克思主义理论的思想性，又体现广大劳动者劳动的实践性，是理论与实践的统一；既蕴含文化基因的传统性，又体现与时俱进的时代性，是历史与现实的统一。

1. 思想基础

马克思主义劳动价值论为新时代劳动精神提供了思想源泉。劳动价值论在马克思主义理论体系中处于基础地位，它揭示了劳动的本质属性和劳动推动人类发展的重要作用。因此，马克思主义劳动价值论是劳动精神的理论源头。马克思主义认为，“整个所谓世界历史不外是人通过人的劳动而诞生的过程[①]”。劳动是国家发展的动力，是民族复兴的基石。1889 年 7 月，由恩格斯领导的第二国际在巴黎举行代表大会，会议决定把每年的 5 月 1 日这一天定为国际劳动节，以此向全世界的劳动者致敬。中华人民共和国成立后，党中央高度重视“五一”国际劳动节，积极弘扬劳动精神。习近平总书记强调：“劳动是财富的源泉，也是幸福的源泉。人世间的美好梦想，只有通过诚实劳动才能实现；发展中的各种难题，只有通过诚实劳动才能破解；生命里的一切辉煌，只有通过诚实劳动才能铸就。”中国共产党人以马克思主义劳动价值论为指导，结合中国发展的实际形成了中国化的马克思主义劳动思想。

2. 实践基础

劳动者的劳动实践为新时代劳动精神提供了实践基础。伟大的时代需要伟大的精神，伟大的精神来自伟大的人民。在中国社会主义革命、建设和改革中，广大劳动者奋勇拼搏、艰苦创业，这种强大精神力量是新时代劳动精神生成的实践基础。在土地革命时期、抗日战争时期、解放战争时期，广大劳动者通过把劳动实践与革命斗争相结合，形成了艰苦奋斗、不畏艰难、甘于奉献等革命斗争精神，构成了劳动精神的现实基础；新中国成立后，广大劳动者更是在创造性实践和不断探索中用自己的辛勤劳动、诚实劳动和创造性劳动，为民族精神注入了新能量，不断丰富着民族精神、时代精神的内涵。

3. 文化基础

中华民族的传统文化为新时代劳动精神提供了文化基础。中华民族历来就有勤劳勇敢、自强不息的优良传统，中华民族历来就有辛勤劳动、诚实劳动、创造性劳动的理念，中华民族历来就有劳动最光荣、劳动最崇高、劳动最伟大、劳动最美丽的价值观。劳动精神根植于坚实的中华民族传统文化之上，翻阅《诗经》等文学作品我们可以发现其对劳动实践的赞美、尊重和认同。新时代劳动精神与中华民族崇尚劳动的文化传统分不开，传承劳动精神需要我们将传统文化中的良性基因加以创新。中华民族之所以能创造出璀璨的民族文化和辉煌的民族历史，都要归功于劳动。

4. 价值导向

社会主义核心价值观为新时代劳动精神提供了价值导向。劳动精神生动诠释了社会主义核心价值观中蕴含的劳动内容。“富强、民主、文明、和谐”是社会主义核心价值观在

---

① 马克思，恩格斯．马克思恩格斯文集：第 1 卷．北京：人民出版社，2009：196.

国家层面的准则，与劳动精神的价值导向高度一致。我们树立正确的劳动观念，积极参加劳动实践，才能确保“富强、民主、文明、和谐”的价值观念在中国大地落地生根。同时，劳动精神有利于培养学生“劳动光荣，劳动伟大”的劳动理念，“爱岗敬业，争创一流”的劳动态度，“淡泊名利，甘于奉献”的劳动品德和“艰苦奋斗，勇于创新”的劳动习惯。这与社会主义核心价值观在个人层面提倡的“爱国、敬业、诚信、友善”的价值准则高度契合。而在劳动实践中锻炼出来的职业精神、进取精神、创新精神和奉献精神等，更是社会主义核心价值观的生动体现。

二、新时代劳动精神的内涵

党的十八大以来，习近平总书记关于劳动和劳动精神的系列重要讲话是我们正确理解劳动精神的重要依据，也是大力弘扬劳动精神的重要参考，更为我们正确认识劳动精神的科学内涵指明了方向。我们要在全社会提倡通过诚实劳动来实现人生的梦想、改变自己的命运。全社会都要贯彻尊重劳动、尊重知识、尊重人才、尊重创造的重大方针，维护劳动者利益，保障劳动者权利。坚决维护社会的公平正义，排除阻碍劳动者参与发展、分享发展成果的因素，努力让劳动者实现体面劳动、全面发展，以辛勤劳动为荣、以好逸恶劳为耻。

1. 新时代劳动精神是勤劳勇敢、爱岗敬业、诚实守信的实干精神

广大劳动群众要爱岗敬业、勤奋工作，锐意进取、勇于创造，不断谱写新时代的劳动者之歌。勤劳勇敢是指勤奋劳动，有毅力、有勇气、有胆量。爱岗敬业是指尊重劳动、崇尚劳动、热爱劳动，做到辛勤劳动、勤奋工作。诚实守信是指脚踏实地、恪尽职守，遵守法律法规和政策，遵循职业道德和标准。勤劳勇敢、爱岗敬业、诚实守信的实干精神，是劳动精神的重要内涵。全体劳动者都要牢记“大道至简、实干为要”的道理，脚踏实地、撸起袖子加油干，在劳动中实现自身价值。

2. 新时代劳动精神是锐意进取、建功立业、甘于奉献的奋斗精神

锐意进取是指追求上进。建功立业是指建立功勋、成就大业。甘于奉献是指在劳动中忘记“小我”，不计较个人得失，时刻铭记祖国需要。锐意进取、建功立业、甘于奉献的奋斗精神，是劳动精神的更高体现。每一个劳动者都应牢记“幸福是奋斗出来的”，生命不息、奋斗不止，在劳动中实现美好的未来。

3. 新时代劳动精神是精益求精、严谨专注、追求卓越的创新精神

精益求精是指以高品质的要求对待自己的产品，不惜花时间精力、精雕细琢、注重细节，把一件事情做到极致。严谨专注是指耐住寂寞、经住诱惑，不达目的绝不放弃。追求卓越是指为了更高的质量而孜孜不倦、乐此不疲。精益求精、严谨专注、追求卓越的创新精神，是劳动精神的专业要求。新时代劳动者要勇于创新、追求品质，为建设“质量强

国”提供源源不竭的动力。

三、新时代劳动精神的培养

1. 明确定位，敬业乐业

梁启超先生曾说：“敬业即是责任心，乐业即是趣味。”我们的职业是学生，首要任务是学习。所谓敬业，就是要勤学，下得苦功夫，求得真学问；专心致志地上课，听好每一节课是学习的必要条件；要做到勤于学习、敏于求知，注重把所学知识内化于心，形成自己的见解；主动学习，主动发问，化“要我学”为“我要学”是巩固所学、迈向成功的基石。所谓乐业，就是要扎扎实实干事，踏踏实实做人。“凡职业都是有趣味的，只要你肯继续做下去，趣味自然会发生。”我们有着大好机遇，关键是要迈稳步子、夯实根基、久久为功。心浮气躁、朝三暮四，学一门丢一门、干一行弃一行，无论为学还是创业，都是最忌讳的。成功的背后，永远是艰辛的努力。我们要把艰苦的环境作为磨炼自己的机遇，培养自己坚韧不拔的精神，把小事当作大事干，一步一个脚印往前走。滴水可以穿石，只要坚韧不拔、百折不挠，成功就一定在前方。敬业乐业是爱岗敬业的前提条件，在践行爱岗敬业的过程中我们还需要明辨是非，善于决断选择。面对学业、情感、职业选择等多方面的考量，要学会思考、善于分析、正确抉择，做到稳重自持、从容自信、坚定自励，树立正确的世界观、人生观、价值观。

2. 尊重劳动，锐意进取

“民族复兴的使命要靠奋斗来实现，人生理想的风帆要靠奋斗来扬起。”实现中华民族伟大复兴的中国梦，离不开前赴后继、艰苦卓绝的持续奋斗。

塞罕坝机械林场位于河北省最北部，内蒙古高原南缘和浑善达克沙地的最前沿。自1962年2月建场以来，塞罕坝机械林场几代人历经艰苦创业、顽强拼搏，在平均海拔1 500米，年均气温－1.4℃，最低气温超过－43℃的高寒区内，成功建造出森林总面积112万亩、资源价值超153亿元的世界上最大的人工林，为华北地区筑起了一道坚实的绿色屏障。塞罕坝机械林场先进群体身上所体现的艰苦奋斗、劳动光荣、共筑中国梦的精神为我们的前进指引了方向。

作为新时代的中职生，我们要尊重劳动，在思想观念上和社会生活中重视和尊敬劳动者，重视和尊敬劳动者的劳动和劳动成果，并在每一件小事中培养和践行艰苦奋斗的精神。在生活上，要做到勤俭朴素，不一味地要求家长满足自己的欲望，在吃、穿、用方面不互相攀比，反对奢侈浪费；在学习上，要有顽强拼搏、苦战攻关的精神，越挫越勇，锐意进取；在精神上，要意志坚定，面对困难挫折，自强不息、开拓进取，保持蓬勃向上的精神风貌。

3. 开拓思维，综合知识

常有所疑，是创新的开端；勇于破疑，是创新的动力。一个人如果能用疑问的眼光观察周围的现象，就会产生破疑的动力，进而迈出创新的脚步。袁隆平（见图 2-2），农学家、杂交水稻育种专家，长期从事杂交水稻育种理论研究和制种技术实践。1964 年他首先提出“不育系、保持系、恢复系”三系法，利用水稻杂种优势进行科学实验；1970 年，与其助手李必湖和同事冯克珊在海南省发现一株花粉败育的雄性不育野生稻，成为突破“三系”配套的关键；1972 年育成中国第一个大面积应用的水稻雄性不育系“二九南一号 A”和相应的保持系“二九南一号 B”，次年育成了第一个大面积推广的强优组合“南优二号”，并研究出整套制种技术；1986 年提出杂交水稻育种分为“三系法品种间杂种优势利用、两系法亚种间杂种优势利用及一系法远缘杂种优势利用”的战略设想。袁隆平被誉为“杂交水稻之父”，他为全球粮食安全做出了突出贡献。

图 2-2　杂交水稻之父——袁隆平

创新意识和创新能力是人的综合能力的外在表现，它是以深厚的文化底蕴、高度综合化的知识、个性化的思想和崇高的精神境界为基础的。我们要充分发挥自己的理解力、想象力、创造力，探索新领域，解决新问题，提出新构想，发现新规律，不断实践，不断开创。我们要将在学校中学到的知识与社会实践相结合，在学习和实践过程中学会独立思考，掌握事物的内在规律，向袁隆平等先进人物学习，不做“两耳不闻窗外事，一心只读圣贤书”的传统意义上的人才，不墨守成规地遵循前人轨迹。要充分利用现在广阔的学习平台和良好的教育资源充实自己的知识，提高文化涵养，丰富文化底蕴，积极发挥想象力和洞察力，以不断探索的毅力和勇气去挑战未知领域，战胜挫折，实现目标。让我们在信息时代的浪潮中，培养和弘扬创新精神，承担起知识和技术创新的伟大使命。

第二节　劳模精神——时代的灯塔

2009 年 4 月 28 日，习近平总书记在庆祝“五一”国际劳动节暨保增长促发展劳动竞赛推进大会上讲话时指出：“一代又一代劳动模范既创造了巨大的物质财富，又创造了宝贵的精神财富。他们以自己的模范行动铸就了爱岗敬业、争创一流，艰苦奋斗、勇于创新，淡泊名利、甘于奉献的伟大劳模精神。劳模精神是以爱国主义为核心的民族精神和以改革创新为核心的时代精神的生动体现，是激励我国工人阶级和劳动群众不为任何风险所惧、不被任何干扰所惑、在中国特色社会主义道路上奋勇前进的强大精神动力。”

劳动模范是时代的先锋、民族的楷模，他们身上承载和彰显的精神一直发挥着引领作用，丰富和拓展了民族精神和时代精神的内涵，充分展现了我国新时代工人阶级和劳动群众的高度自信，已成为社会主义核心价值体系的重要组成部分。爱岗敬业、艰苦奋斗是劳模精神的基础，争创一流、勇于创新是劳模精神的核心，淡泊名利、甘于奉献是劳模精神的本质。中国特色社会主义新时代的劳模精神既传承了以往时代优秀的劳动文化，又展现出新的内涵和实践指向。

一、劳模精神的传承与借鉴

1. 劳模精神是传统文化的结晶

回顾灿烂的中华文明史，中国人民劳动精神的形成与劳动人民的生产和生活实践以及中华民族崇尚劳动的文化传统密不可分。我国传统文化一向推崇对劳动实践的认同、对劳动精神的传承、对劳动文化的传播。远古时代，钻木取火、神农氏教民稼穑、大禹治水的劳动故事就广为流传。明朝时期宋应星所著的《天工开物》收录了农事、手工制造（如机械、兵器、火药、纺织、染色、制盐、采煤）等技术，集中体现了古代劳动人民在自然科学、工业制造等方面的劳动创造和发明成就。中华儿女用辛勤的劳动创造了中国灿烂的历史文化，锻造了中国人朴实、勤奋的优秀品格。这一品格始终贯穿于社会生产的发展和实践当中，不断推动生产力的进一步发展，艰苦奋斗、甘于奉献、不为名利的劳动精神也在历史文化中熠熠生辉。我国优秀的传统劳动文化为劳模精神的形成注入了民族文化基因，让劳模精神成为创造民族辉煌的根本力量和民族不断向前发展的精神支柱。

2. 劳模精神是马克思主义劳动观的体现

马克思认为在人从自然界分化出来演化成自然人，再进而成为社会人的过程中，劳动发挥着决定性的作用。劳动推动不合理的社会关系发生变革，从而使人获得社会关系的解放。社会主义制度下的劳动真正体现出劳动者的自主性，劳动者通过自己的劳动肯定自己，在劳动中感受幸福，在劳动中体现人与人的平等关系，这为劳模精神的产生与发展提供了重要土壤。马克思主义劳动观深刻反映了劳动在价值创造中的积极作用，为我们继承和弘扬劳动者伟大的劳动价值精神提供了理论支撑。劳模精神是社会主义劳动者在劳动中推动社会发展和精神文明建设的产物，中国特色社会主义开辟了社会主义在中国发展的独特进程，而劳模精神在这一独特进程中不断焕发出强大的生命力、创造力、战斗力、感染力、凝聚力、影响力，成为中华民族宝贵的精神财富，在中华民族站起来、富起来、强起来的伟大历史进程中发挥了不可替代的重要作用。

3. 劳模精神植根于人民的奋斗实践

劳模精神是中国共产党在长期革命、建设、改革实践中积累起来的宝贵精神财富，源于为中国人民谋幸福、为中华民族谋复兴的初心和使命。新民主主义革命时期，我们党培养和表彰了一批批劳动模范，他们在革命根据地社会经济建设中发挥了巨大的示范和带头作用，为革命取得最后的胜利奠定了扎实的社会基础。社会主义建设时期，劳动模范以无私奉献、团结苦干的精神积极投身于经济建设中，为引导广大人民群众集中精力恢复和发展国民经济，树立正确的社会主义劳动观念起到了重要的推动作用。改革开放以来，广大劳动群众不仅发扬吃苦耐劳、艰苦奋斗的高尚品格，更是在开拓创新、苦干实干中创造了中国奇迹，业务精湛、技术卓越、锐意进取、敢为人先的劳模形象更加深入人心。进入新时代，在中国共产党的领导下，中国人民以实干兴邦的劳动精神，继续谱写中国特色社会主义伟大事业的新篇章，劳模精神、劳动精神、工匠精神更成为社会热词，“劳动最光荣、劳动最崇高、劳动最伟大、劳动最美丽”成为时代强音，为建功新时代、实现中华民族伟大复兴的“中国梦”提供了崇尚劳动的价值引领。

二、新时代劳模精神的内涵

劳动模范是时代的标杆，劳模精神是宝贵的财富。王进喜、陈双田、蒋筑英、袁隆平、许振超……每个时期的劳模，都是时代的精神符号和力量化身。从过去劳动模范以工人和农民为主体，到如今知识分子、农民工、私营企业主活跃其间，劳模的结构不断变化、队伍不断壮大的背后，是劳动内涵的不断拓展，劳动理念的日益革新。随着时代的发展，劳模还将被赋予更多的时代内涵和元素，但无论是生产者还是创业者，无论是比表现还是比贡献，无论是讲精神作用还是讲经济效益，劳模的核心价值都是始终不变的：一是爱岗敬业、争创一流，艰苦奋斗、勇于创新，淡泊名利、甘于奉献的精神；二是对职业、对社会、对国家的道德感、责任感和使命感。

1. 劳模精神是主人翁意识的凸显

主人翁意识是正确认识和理解劳模精神的关键词。全国劳动模范陶玉国是一名普通矿工，他从事的是高危行业中的高危工种——采面回柱，这个工作煤矿工人有个形象的比喻，叫“虎口拔牙”，就是采煤工作面煤层采完后，回收采空区的设备和支撑顶板的柱子，这项看似简单的工作，对技术、体力、耐心、经验和心理承受能力都有极高的要求，陶玉国从未过分渲染这项工作的危险和艰难，也从不向领导提条件、讲报酬，总是默默地承受，一次又一次安全地完成任务，在采面上一干就是 20 余个寒暑春秋。正是因为自觉的、强烈的主人翁意识，劳模才以车间为家、以厂为家、以企为家、以国为家，才具有积极主动的岗位意识、职业意识、进取精神和创新精神，才在本职工作中充分发挥积极性、主动性和创造性，才能够艰苦奋斗、淡泊名利、甘于奉献，自觉把人生理想、家庭幸福融入国家富强、民族复兴的伟业之中，最终建构起个人与集体、个人梦与中国梦、小家与国家融合统一的发展共同体和命运共同体。

2. 劳模精神与社会主义核心价值观相融相通

习近平总书记指出，劳动模范和先进工作者“爱岗敬业、争创一流，艰苦奋斗、勇于创新，淡泊名利、甘于奉献”的劳模精神，生动诠释了社会主义核心价值观，是我们的宝贵精神财富和强大精神力量。社会主义核心价值观传承了中华优秀传统文化的基因，寄托着近代以来中国人民上下求索、历经千辛万苦确立的理想和信念，也承载着每个人的美好愿景。劳模精神作为民族精神和时代精神的重要内容，与社会主义核心价值观在文化传承、教育导向、爱国情怀、道德提升等方面高度契合。作为个体，劳动模范以“爱国、敬业、诚信、友善”为行为准则，是个人践行的典范；作为公民，他们以“自由、平等、公正、法治”为社会价值取向，是价值引领的旗帜；作为人民的一分子，他们以“富强、民主、文明、和谐”为奋斗目标，将“小我”融入国家发展的潮流中，是价值实现的楷模。

3. 劳模精神凝聚建功新时代的磅礴伟力

2018 年“五一”国际劳动节来临之际，习近平总书记在给中国劳动关系学院劳模本科班学员的回信中提出，希望“用你们的干劲、闯劲、钻劲鼓舞更多的人，激励广大劳动群众争做新时代的奋斗者”。劳动模范是新时代的排头兵，是实干兴邦的楷模。激励广大劳动群众争做新时代的奋斗者，就是要让实干担当在新时代蔚然成风，让改革创新在新时代焕发活力，让精益求精在新时代落地生根。只要我们持之以恒地弘扬劳模精神，充分调动起广大劳动人民的积极性、主动性和创造性，就一定能最大限度地聚合起人们饱满的奋斗热情，从而为建功新时代、实现中国梦凝聚起磅礴的中国力量。

2020 年，在抗击新冠肺炎疫情的战斗中，广大产业工人，尤其是大批劳动模范，积极参与到疫情防控的各条战线中，以艰苦卓绝的劳动创造了中国速度，谱写了一曲曲抗疫赞歌，充分体现了产业工人在非常时期的非常担当，彰显了中国特色社会主义制度的显著优势。在新时代，应充分发挥劳动模范的示范带动和价值引领作用，培养造就更多劳动模范，努力打造一支有理想守信念、懂技术会创新、敢担当讲奉献的宏大产业工人队伍，建设一支知识型、技能型、创新型劳动者大军。

4. 劳模精神是培育时代新人的重要内容

一方面，劳模精神作为社会主义核心价值观的生动体现，更适于为人们所理解，更容易为人们所接受，更方便为人们所模仿，对培育时代新人能够起到重要推动作用。另一方面，通过强化教育引导、舆论宣传、文化熏陶、实践养成、制度保障，培养和造就具有劳模精神的时代新人，能够激发广大劳动者干事创业的积极性、主动性和创造性。全国劳动模范郭明义，入党30多年来，他时时处处发挥先锋模范作用，在先后任职的7个工作岗位上，都取得了突出业绩。他每天都提前2个小时上班，累计加班15 000多小时，相当于多干了5年的工作量。他发起成立了下设希望工程爱心联队等7个大队的郭明义爱心团队，被亲切地誉为“爱心使者”“当代雷锋”。全社会都要紧密围绕培养时代新人这个重大命题，特别是在各级学校教育中培育、弘扬和践行劳模精神，引导全社会特别是青少年树立正确的劳动价值观，全面提升劳动者的整体素质和精神品格。

5. 劳模精神是文化自信的重要支撑

一方面，劳模精神是中国特色社会主义文化的重要组成部分，始终贯穿于建设中国特色社会主义文化的全过程。劳模精神植根于中华民族劳动过程特别是中国特色社会主义伟大实践，充分继承并发展了中华优秀传统文化和社会主义先进文化。另一方面，弘扬和践行劳模精神，有助于坚定文化自信，推动社会主义文化繁荣兴盛。弘扬和践行劳模精神，有助于牢牢把握意识形态工作领导权，有助于培育和践行社会主义核心价值观，有助于加强思想道德建设，有助于促进中国特色社会主义文化繁荣发展。2018年10月23日上午10点，习近平总书记宣布港珠澳大桥正式开通。从此，东接香港特别行政区、西接广东省珠海市和澳门特别行政区、港珠澳三地首次合作共建的总长约55千米的超大型跨海交通工程——港珠澳大桥正式开通。一桥连三地，天堑变通途，被称为“现代世界七大奇迹之一”“世界桥梁建设史上的巅峰之作”“中国实力的集中展示”“凝结着过去数十年中国桥梁设计、施工、材料研发、工程装备等各项成果”的港珠澳大桥不仅仅是联结港珠澳三地的“圆梦桥”“同心桥”“复兴桥”，更是让中国桥梁、中国技术、中国创造“走出去”的“自信桥”！自2009年12月15日港珠澳大桥正式开工建设以来，建设者们遇到了许许多多的困难与挑战，正是由于参与港珠澳大桥建设的劳动者们始终高举中国特色社会主义伟大旗帜，坚定“四个自信”，一路攻坚克难、披荆斩棘，才筑就了这座创下多项世界纪录的“自信桥”！

广大青年学生要坚定中国特色社会主义道路自信、理论自信、制度自信、文化自信，保持政治定力，坚持实干兴邦，始终坚持和发展中国特色社会主义，以昂扬的精神、奋进的姿态共筑自信桥，共圆中国梦！

6. 劳模精神与中华民族伟大复兴相托相生

习近平总书记指出，实现我们的奋斗目标，开创我们的美好未来，必须紧紧依靠人民、始终为了人民，必须依靠辛勤劳动、诚实劳动、创造性劳动。实现中华民族伟大复兴的中国梦，是中华民族近代以来最伟大的梦想，这个梦想凝聚了几代中国人的夙愿。现在，我们比历史上任何时期都更接近这一目标。我们也要清醒地认识到，在这一伟大征程中，幸福不会从天而降，梦想不会自动成真。“民生在勤，勤则不匮”，“两个一百年”奋斗目标的实现，建设富强、民主、文明、和谐、美丽的社会主义现代化强国，需要全体中华儿女众志成城、万众一心，把一切力量都凝聚起来，把一切积极因素都调动起来，以劳动托起中国梦。

三、树立劳模精神，做优秀的劳动者

新时期，在新的形势下，我们要弘扬新时代劳模精神，让劳模精神成为我们成长成才的精神动力。社会在变革，科学在发展，知识在更新，我们正面临着前所未有的挑战。努力学习、掌握新知识，刻苦钻研、掌握新技能，勤于思考、掌握新本领是青年学子的责任。从小树立辛勤劳动、诚实劳动、创造性劳动的意识，立志成人成才，为实现中华民族伟大复兴的中国梦贡献智慧和力量是青年学子的义务。

1. 敬业乐群，专心致志

三百六十行，行行出状元。全国劳动模范、时代楷模天津电力抢修工人张黎明，无数次沿着电力线路“溜达”，闭上眼睛都能说出他负责的线路沿途有多少个高压塔、多少根电线杆。全国技术能手、中国电子科技集团公司第五十四研究所钳工夏立，多次参与卫星天线研究与装配、校准任务，装配的齿轮间隙仅有0.004毫米，相当于一根头发丝的1/20粗细……任何一名劳动者，要想在百舸争流、千帆竞发的洪流中勇立潮头，在不进则退、不强则弱的竞争中赢得优势，在报效祖国、服务人民的人生中有所作为，就要孜孜不倦学习、勤勉奋发干事。一切劳动者，只要肯学肯干肯钻研，练就一身真本领，掌握一手好技术，就能立足岗位成人成才，就能在劳动中发现广阔的天地，在劳动中体现价值、展现风采、感受快乐。

人们常说“活到老，学到老”，要想不断地进步，就要不断地学习，在学习中进步，千万不能有好高骛远的思想。劳模们处处为别人、为企业着想，将自己的一切置身事外。而我们有些年轻人，遇到一点点挫折和困难，就打退堂鼓，用各种理由为自己解释。同学们，在学习生活中，我们有时正是缺少了一种对工作负责的态度，缺少了一种执着和责任感。所以我们必须有顽强的意志，必须从点滴做起，立足岗位，脚踏实地，端正心态，勤勉敬业。要养成勤学习、多读书、善探究、爱思索的好习惯，不断丰富知识，开阔视野，提高综合素质。在日常学习生活中，我们要把自己应做的事情做到位，并尽力做到最好，努力取得好的学习成绩。要有学习热情，视学习为使命，不是“要我学”，而是“我要学”，逐步培养自己严谨的学习态度、工作态度和吃苦耐劳的品质。要自觉向实践学习，在实践中更新思维、开阔眼界，在实践中磨炼意志、学会忍耐，成长为知识丰富、视野开阔、爱岗敬业的有用之才。我们务必时刻以劳模先进事迹为学习材料，熏陶、自勉、启迪、激励自己，在学习先进中有所启迪、有所收益，用劳模的事迹增添信心，用典型的经验提高素质，用典型的业绩振奋精神，把学习典型的过程转化为学好知识的具体行动，从而把学习与实践有机地统一起来。

2. 热爱创造，迎难而上

“天河一号”是天津市劳模、国家超级计算天津中心应用研发部部长孟祥飞与团队于2008年开始研制、2010年投入使用的中国首台千万亿次超级计算机。它广泛服务于石油勘探、先进制造、新药研发等领域，每天在线的科研企业研发任务超过1 400多项，支持了诸多世界一流研究成果及产业领域的技术突破，为相关企业带来经济效益超30亿元。孟祥飞以石油勘探举例：“该领域曾被美国、法国等大公司垄断，现在我们利用‘天河一号’的超算能力，结合中石油东方物探开发的高性能石油数据处理软件，不仅打破了这种垄断，并逐步走到世界前列。”2018年他们又开发了“天河三号”新一代百亿亿次超级计算机原型系统，“天河三号”将突出全自主，运算能力将达到“天河一号”的200倍。

青少年要热爱创造，懂得通过劳动和创造播种希望、收获果实，也通过劳动和创造磨炼意志、提高自己。学生必须树立创新意识，做到不唯上、不唯书、只唯实。因此，我们不仅要尊重书本知识，还要立足于实践，解放思想，实事求是，与时俱进，不断实现理论和实践的创新与发展，在认识世界和改造世界的活动中不断取得进步。创新是对既有理论的突破，我们在日常学习生活中要注重研究新情况，善于提出新问题，敢于寻找新思路，确立新观念，开拓新境界。

心理学研究表明，要培养创新能力，很重要的一点是主动参与学习过程，积极思维，提供自由开放的空间，创设愉悦宽松的学习氛围。所以同学们要主动参与，敢于质疑，敢于坚持自己的见解，敢于与老师、同学讨论，从而建立起自主学习的激励氛围。兴趣是人对事物的一种向往、迷恋、积极探索追求的心理倾向。它是一种特殊的意识倾向，是学习的情感动力，是求知欲的源泉，是培养创新能力的起点，也是学习取得成功的关键。所以同学们要成为学习的主人，激发自己的学习欲望，提高学习兴趣，积极思考，从而提高学习效率。古人云：“学起于思，思源于疑。”疑是一切发现创新的基础。有疑问才能去探索，去创新。同学们要有遇到问题“打破砂锅问到底”的意识，积极培养自己的好奇心，积极思考，大胆质疑，以疑启思，提高思维的变通性，充分运用思维“变式”，对同一问题、同一事物从不同角度、用不同方法进行全方位的思考和揭示，要敢想、敢疑、敢问，从而发现事物的奥妙。发散思维是一种不依常规、寻求变异、从多方面寻求答案的思维方式。美国心理学家吉尔福特认为，发散思维与创造力有直接关系，它可以使人思维灵活，能让人想象丰富，积极探索求异，坚持自己的独到见解。这就要求我们善于挖掘教材中蕴含的创造性因素，积极运用所学的知识，大胆进行发散创造，促进创新能力的发展。

3. 淡泊名利，奉献青春

我们要时刻怀着一颗感恩之心，积极回报社会、回报大众。贵州省劳动模范吴勇积极投身社会公益，在他的影响带动下，他担任董事长的花溪农商银行专门成立了爱心协会，全体员工共同捐资，多年来不断帮扶社会弱势群体，为村民修路、建房，为公益活动项目捐款，受到社会各界广泛好评。

在每一个时代，总有那么一批人，他们身上体现出来的“爱岗敬业、争创一流，艰苦奋斗、勇于创新，淡泊名利、甘于奉献”的劳模精神，激励着广大群众勇往直前。而这其中，“淡泊名利、甘于奉献”是最为重要的内涵。相信不少人会注意到，我们身边的很多劳模，他们和我们一样从事着平凡的工作，没有什么惊天动地的业绩，但在他们身上，却时时处处彰显着爱岗敬业、甘于奉献的精神，传递着尊重劳动、尊重创造的强大正能量。我们和劳模的差距，往往就体现在缺少那一份专注和奉献上。

劳模是一面旗帜、一把标尺、一面镜子。奉献是一种爱，是一种精神，是一种不计回报的给予，是一种对事业的全身心投入和付出。在吴勇身上，我们感受最深的就是他的奉献精神。他的心里装得最多的是服务对象，想得最多、干得最多的是扶贫解困。他的默默奉献润物无声、绵绵长长、平平实实。这是一种难能可贵的品质，一种沁人心脾的力量。学习劳模精神，就是要像吴勇那样用敬业奉献的实际行动践行社会主义核心价值观。

时空变幻，人们的价值理念会变，但淡泊名利、甘于奉献的追求不应改变。吴勇的事迹告诉我们，奉献者付出的是汗水、是热情、是一种无私的爱心，收获的是一种幸福、是一种崇高的情感、是他人的尊敬与爱戴。我们要像吴勇那样，甘于平凡的奉献，在奉献中创造价值；立足本职、着眼当前，从实际出发，从眼前正在做的事情做起，脚踏实地朝着既定目标不懈努力；甘于奉献、不求回报、不怕寂寞、勇挑重担，始终保持旺盛的学习激情和健康向上的良好心态；志存高远，不为权力、地位、名利、私情所累，不横攀竖比、患得患失，不挑肥拣瘦、拈轻怕重；努力进取，发愤图强，用最执着的精神、最坚强的信念，在平凡的岗位上做出不平凡的业绩。

不管从事什么工作，我们都应该向劳模看齐，学习他们的政治品格，牢记使命、忠诚执着；学习他们的实干精神，爱岗敬业、尽心尽责；学习他们的创新精神，潜心钻研、大胆探索；学习他们的奉献精神，胸怀全局、勇挑重担；学习他们的精神状态，乐观豁达、积极向上，努力做敢于有梦、勇于追梦、勤于圆梦的人。不管在什么时候，都应该把劳模当成一面镜子，时刻对照自己，认真思考，看看自己缺什么，应该向劳模学习什么，既要找出差距和不足，又要找到方法和步骤。只有这样，向劳模学习才不是一句空话。要通过向劳模学习，明确目标、点燃激情、提升本领，从平凡小事做起，从具体工作做起，做一名优秀的学生！

第三节　工匠精神——职业的勋章

习近平总书记在对我国技能选手在第 45 届世界技能大赛上取得佳绩做出重要指示时强调，要在全社会弘扬精益求精的工匠精神，激励广大青年走技能成才、技能报国之路。在看望参与北京市大兴国际机场建设和运营的工作人员代表时，他强调，大兴国际机场体现了中国人民的雄心壮志和世界眼光、战略眼光，体现了民族精神和现代水平的大国工匠风范。近年来，在习近平总书记和党中央的倡导下，大力弘扬工匠精神逐渐形成热潮，工匠精神也被写入了党的十九大报告之中。工匠精神可以概括为：坚守执着、精益求精、专业专注、追求极致、一丝不苟、自律自省。从工匠精神的角度看，坚守执着是一个人的本分，精益求精是一个人的追求，专业专注是一个人的作风，追求极致是一个人的使命，一丝不苟是一个人的境界，自律自省是一个人的修为。

一、工匠精神的传承、借鉴

在中国，“工匠”一词最早出现在春秋战国时期，此时工匠主要代指从事木匠工作的群体。随着历史的发展，东汉时期工匠一词的含义已经基本覆盖全体手工业者。中国古代工匠精神具有以下特点：首先是创新精神。美丽的丝绸、精美的陶瓷，以及数不清的发明创造，无不体现着古代中国工匠无比的智慧和对完美的不懈追求。其次是精益求精的职业态度。庖丁解牛、运斤成风、百炼成钢……这些耳熟能详的成语，不仅是中国古代工匠出神入化技艺的真实写照，也是对他们精益求精、追求卓越的职业态度的由衷赞美。再次是敬业精神。中国传统文化十分强调“敬”这一观念，古代工匠群体十分尊敬自己从事的职业劳动，因此形成了内涵十分丰富的“敬业”观念。正是因为根植于中华优秀文化传统的丰厚土壤之中，新时代的中国工匠精神才具有鲜明的民族性。中国传统工匠精神中那种德艺兼修、物我合一的境界，始终为新时代中国工匠精神的形成和发展提供着源源不竭的动力。

在信息化时代，随着互联网技术的发展，满足消费者个性化需求的定制服务成为可能，这一变化强调了为满足个性化需求而进行的创新和创造。为适应工业化和信息化的需要，提高产品在国际上的竞争力，必须重视对工匠精神的培育和坚守。要想让“中国制造”领跑于世界，一方面要把对产品质量的追求作为一种文化，另一方面要重视职业技术教育。

二、新时代工匠精神的内涵

随着当今社会的发展，工匠精神已经成为人们在社会工作中的行为追求。在“中国制造”向“中国创造”转变的背景下，当今工匠有新的历史使命和重要责任，工匠精神也被赋予了更多的意义。工匠精神对现实社会的作用不容小觑，工匠精神注重从小事做起，踏石有印、抓铁有痕，对形成讲实效、做实事、不浮夸的社会氛围作用巨大。即使是在平凡的岗位上，只要追求和坚持工匠精神，也可以成就一番事业。

1. 工匠精神是全心全意的敬业精业

科学技术部前部长万钢曾说过：“工匠精神实际上是一种敬业精神，就是每个人对所从事的工作锲而不舍，对质量的要求不断提升，在每一个工作岗位上的每一件事都不能放松。”只有对自身职业和工作高度认同，才能使事业传承下去并达到最高的领域。

工匠精神落到实处其实就是爱岗敬业，工匠首先是一个“工”。工匠精神虽然说是一种工作态度与工作作为，但是最终还是要通过岗位去体现。不论是在哪一个岗位上，都可以做出不平凡的工作，这是塑造工匠精神的出发点，也是落脚点。工匠其次是一个“匠”。从工到匠不是简单的跨越，而是一种质的飞跃和突破。常言道：没有平庸的“工种”，只有平庸的工作态度。一个“匠”字启迪我们，做平凡简单的工作也要有水滴石穿、久久为功的精神，这样才能做出不简单、不平凡的工作成就，成为一个真正的“匠”。

2. 工匠精神是专心专注的科学态度

通往技艺顶峰的道路是艰苦卓绝的，每一名工匠都是攀登路上的苦行僧，是行动上的坚持坚守者。专业精神是心无旁骛、心如止水，不为诱惑所动，不为功名所累，是一生只做一件事的执着，是“艺痴者技必良”的追求。风靡全球的“一万小时定律”核心内容就是任何人只要专注在一个领域，经过一万小时的努力，就可以从庸才变为专家甚至大师。正所谓“台上一分钟，台下十年功”，我国的制造强国之路，同样需要这种“十年磨一剑”的工匠精神。

工匠精神的伟大之处，恰恰在于平凡岗位上的专心专注，工匠们以无私无我之心坚守在自己的岗位上，从平凡的起点笃定出发，沿着明确的蓝图步步向前，最终取得非凡的业绩。

3. 工匠精神是精益求精的开拓创新

创新是一个民族进步的灵魂，是一个国家兴旺发达、永葆生机的不竭动力。随着经济全球化深入发展，科学技术突飞猛进，各种思想和文化相互碰撞，在服务业和制造业互相促进的条件下，科学家、工程师都必须有工匠精神，工匠们也同样要有创新意识，如果习惯于因循守旧，墨守成规，害怕因为一次的失败丢掉口碑，就无法成为工匠。

一位外国记者曾经问彼得·冯·西门子，为什么仅有 8 000 万人口的德国，竟然会有 2 300 多个世界名牌呢？这位西门子公司总裁回答说："这靠的是德国人的工作态度，是对每个生产技术细节的重视，员工承担着要生产一流产品和提供良好售后服务的义务。遵守职业道德、精益求精制造产品，是企业与生俱来的天职和义务。"精益求精的通俗解释就是"没有最好，只有更好"。只有依靠这种精神，我国才能生产出更多质量可以媲美制造业强国的产品，创造出世界闻名的中国品牌。在市场经济条件下不会长期存在价廉物美的产品，超额利润永远是对产品创新的奖赏。激励万众创新需要有严格的绩效考核机制，重赏创新成功者，宽容创新失败者，坚决杜绝"干好干坏一个样、遇到问题绕着走"的现象。工匠精神就是与时俱进的精神，优秀的工匠永远不会满足于已经取得的成就，而是会根据环境的变化，不断地寻求改进，力争每一个作品都比上一个作品要好。

4. 工匠精神是制造业的灵魂

制造优质产品需要心无旁骛、一丝不苟的工作，需要戒骄戒躁，容不得半点懈怠和折腾。在我国工业化初期，为克服技术落后、条件简陋的困难需要艰苦奋斗的"大庆精神"；在国外技术封锁的条件下，为增强国家实力需要"两弹一星精神"；在全球一体化的"互联网+"时代，为实现"制造强国"的梦想更需要争创世界一流的拼搏精神。"天上不会掉馅饼"，幻想依靠投机取巧获得成功是行不通的。制假售假、投机取巧、"搭便车"等做法，最终将是搬起石头砸自己的脚。"没有最好，只有更好"，每一个产品的细节都要做到极致，这是优良制造的灵魂所在。

制造业是国民经济的主体，是立国之本、兴国之器、强国之基。新中国成立尤其是改革开放以来，我国制造业持续快速发展，建成了门类齐全、独立完整的产业体系，有力推动了工业化和现代化进程，显著增强了综合国力，为我国的世界大国地位提供了强有力的支撑。然而，与世界先进水平相比，中国制造业仍然大而不强，在自主创新能力、资源利用效率、产业结构水平、信息化程度、质量效益等方面差距明显，转型升级和跨越发展的任务紧迫而艰巨。在中国从制造大国迈向制造强国的进程中，工匠精神被赋予了新的时代内涵。它不是工匠大师特有的殊荣，每一个坚守工作岗位兢兢业业的劳动者都是工匠精神的生动诠释。

5. 工匠精神有利于劳动者实现自我价值

对于一个具有工匠精神的劳动者而言，产品是他追求极致的充分表达。我们在创造工作过程中根据自己的构思意志来完成产品，使自我想法在作品中体现，创作出来的产品是自我对世界的理解、认识、客观化的体现。以工匠的精神来创造，工作就变成了一种忘我的投入、生命的外在表达。自我的价值存在于自己双手所能控制的作品中，不受其他因素的影响，使自己在工作过程中能够获得真正的满足与成就感。

工匠精神是每一位不甘于平庸的劳动者在平凡的工作中不断对自己提出更高的要求，并不断自我超越、自我提升、自我完善，始终追求做更好的自己时所表现出的工作态度、工作境界、工作习惯以及整体工作精神面貌。“三百六十行，行行出状元”，任何一个大项目、任何一个新发明都需要不同的劳动予以完善。大技术、大项目需要工匠，看似不起眼的平凡工作同样需要工匠，工匠无处不在，只有劳动者处处发扬工匠精神，才能为企业创造更高的效益。劳动的目的是出成果出效益，不能靠蛮干硬干，应突出智慧，心要细，专业化知识要强。当今社会，科技推广运用的速度越来越快，要在社会中立足，要在竞争中取胜，更需要靠“智”去创造，在干中学，在学中干，爱岗敬业，乐于奉献，以主人翁的姿态全身心投入；钻研技术，精益求精，做创新发展的先行者；在实践中汲取智慧和力量，掌握为社会做贡献的技巧，以担负起建设强国的重任。社会发展永无止境，每一个劳动者都应勇于挑战，营造劳动光荣的社会风尚和精益求精的敬业风气，以实际行动为实现“两个一百年”奋斗目标而不懈努力。

三、学生要培养工匠精神，做开创性劳动者

“庖丁解牛”实现了从“无从下手”到“游刃有余”，这是古人的工匠精神；“天眼”之父南仁东先生几十年如一日，为建造中国自己的大型射电望远镜奉献了一生，这是跨世纪的坚持；港珠澳大桥总工程师林鸣从世纪之初就开始为建这座桥而奋斗，这是十几年的钻研……工匠精神，是一种传承。同学们，我们也要树立工匠精神，做开创性劳动者。

1. 要有静心，专业专注，自律自省

“静以修身，俭以养德。非淡泊无以明志，非宁静无以致远。”不论是做一门手艺还是开展日常工作，都要摒弃浮躁，抛开杂念，潜心修炼，方能有所进益。沈阳飞机工业有限公司年轻的首席技能专家方文墨说：“我不是一个天资聪慧的人，从 18 岁开始，在 20 厘米长的加工台上，每天练习 8 000 次。”凭借勤学苦练和扎实的基础，他的手工锉削精度达到了千分之三毫米，相当于头发丝的1/25，这是数控机床都难以达到的精度，这一精度被命名为“文墨精度”。2018 年 11 月 9 日，工业和信息化部正式发布《第三批全国制造业单项冠军企业和单项冠军产品名单》，江苏天工集团有限公司的高速工具钢榜上有名，获得全国制造业单项冠军产品称号。同年，天工的核心产品工模具钢、钛及钛合金被纳入国家新材料产业目录……对于天工而言，这并不意外，在新材料领域，天工集团董事局主席朱小坤带领勤奋务实的天工人已坚守了三四十年，从纸绳、铜拉手、电度表转盘、电子琴、电视天线到精密切削刀具麻花钻，再到高速工具钢、模具钢、钛合金等四大主营业务，天工国际从乡镇企业一路拼搏，进入世界工模具钢综合实力前两强。

同学们，我们生活在这个纷繁复杂的世界里，受到许多来自外界的干扰和诱惑，想要取得成功，专注是必要条件，专心致志于你的目标，才会有所成就，才能取得成功。工匠

们取得成功的秘诀便是坚持努力，始终坚持自己的人生方向，心无旁骛。

所以，从现在起，让自己形成一个好习惯，做事时沉心静气，心无旁骛，专心专注，自律自省，不抛弃、不放弃，一步步慢慢地积累成功的经验，一步步地实现人生的目标，成就人生的辉煌，实现自己人生的价值。工匠精神的养成，需要有的放矢，需要有抓手、有实际内容，作为学生，我们要以学通学透课程为主，在学习方面下苦功夫，注重自身能力培养。特别是学校开设的专业课和实训教学等，我们更要认真对待，通过学习，紧跟企业发展、技术进步的步伐，更新、充实和完善自己的知识体系，及时了解新的知识、新的技术、新的材料、新的工艺，不断开阔视野，增强开放、创新、创造意识以及学习热情和进取心。

2. 要有恒心，坚守执着，一丝不苟

只想不做的空想主义是要不得的，新时期更应发扬实干精神，提振干事创业的精气神。在啃硬骨头涉险滩的时候更要有“路漫漫其修远兮，吾将上下而求索”的探索精神、“叩石垦壤，挖山不止”的愚公精神和“敢教日月换新天”的豪情壮志。

大国工匠、全国劳动模范、全国最美职工、中国好人、2016 年度“心动安徽·最美人物”周东红，是中国宣纸股份有限公司捞纸工。自 1986 年开始从事捞纸工作到 2016 年，周东红每天至少需要在纸槽边站立 12 个小时以上，靠着过人的恒心，他练就了一身扎实的基本功，捞的宣纸每 100 张的重量误差仅为 2 克左右，厚度均匀，始终保持着成品率 100%、产品对路率 97%的突出记录，两项指标分别超国家标准 8 个、5 个百分点。他加工的纸也成为韩美林、刘大为等著名画家及国家画院的“专用画纸”。他以工匠精神对待宣纸事业，以过人的敬业精神和恒心践行人生梦想，以辉煌业绩书写了一个个精彩的故事。

不管做什么事，只要放弃了，就必然会失败，不放弃，就会一直拥有成功的希望。周东红以 30 年如一日的恒心创造了辉煌的业绩，这不正是我们应该学习的吗？不管是学习还是做其他什么事情，只要能够坚持到底，你的梦想一定会实现。因此，我们要以极大的热情、恒心和毅力参加学校的各项活动，努力提高自己的综合素质。我们要通过主题班会、主题演讲、经典诵读比赛、艺术节、体育活动、心理健康教育、法制教育、安全教育、职业道德教育、职业生涯教育等活动不断提高各方面素质。形式多样的主题班会活动既能促进班风建设，也能全面提高自身的综合素质；主题鲜明的演讲比赛活动，可以在一定程度上提高自己的学习兴趣；经典诵读比赛活动，可以让自己感受、传承中华文化，可以陶冶情操，发展个性，提高道德修养水平；艺术节，可以展示自己的艺术才华，激发热爱艺术、努力成才的热情，提高艺术修养；体育活动，可以丰富校园生活，增强自身的身体素质；心理健康教育，可以普及心理知识，帮助自己的身体和心理共同健康成长；法制教育，可以增强自己的法制观念和法制意识；安全教育，可以使自己健康成长，免受伤

害；职业道德教育、职业生涯教育，可以提高自身职业道德素养，帮助我们规划好自己的人生，为走上工作岗位打下良好的基础。

作为中职生，我们可以通过技能比赛活动提高自己的专业素质。通过每年定期组织的校内外专业的技能大赛，可以达到以赛促学、以赛促练的目的。企业、学生、教师共同参与，营造校企、师生同台竞技的良好氛围，能够激发学生学习技能、苦练技能的主动性，培养学生比学赶帮超、精益求精的工匠精神。

3. 要有精心，精益求精，追求极致

“志当存高远”“志不强则智不达”“有志者，事竟成”都言明了志向的重要意义，也说明立志乃成事之基。但要想取得成功，细节同样不可忽视，“图难于其易，为大于其细”，想要成就一番大事业必定要从小处着手，注重细枝末节。

我们要以大国工匠为榜样，学习体会“工匠精神”。榜样是社会认可的道德要求的具体体现，能激励人们前行，具有强烈的引导作用。同学们要向榜样学习，促进自己思想品德的发展，通过榜样的力量，在潜移默化中形成追求精益求精的工作习惯。古今中外，榜样数不胜数，我国古代有凭工匠精神创造了举世闻名的奇迹的木工祖师鲁班和桥梁专家李春等，现代有为长征火箭焊接发动机的高级技师高凤林等，同学们要认真学习这些生动诠释了工匠精神的名人事迹，学习榜样的精髓，对自己不断提出新的、更高的目标，追求尽善尽美、精益求精，为传承和弘扬工匠精神尽最大努力。

在 2015 年评选出的 2 968 名全国劳动模范和先进工作者中，一线工人占 67.5%，他们中的许多人都是在普通学校接受了最初的技能培训，以后在实际工作中不断完善提高，逐步成长为改革创新的能手，他们就是工匠精神的代表，他们正是学校学生的榜样！

这些榜样用他们光辉的奋斗历程告诉大家，只要我们全身心投入，以精益求精、一丝不苟的态度对待学习和工作，就一定能够学有所成，成为大国工匠。

志存高远，胸怀匠心。工匠精神，就是一种对事业执着，对所做的事情和生产的产品精益求精、精雕细琢的精神。工匠精神一直流淌于中华民族的血脉之中，当今世界正经历百年未有之大变局，我们比以往任何时候都要接近中华民族的伟大复兴，我们应该回到中华民族的伟大传统当中，去提炼和梳理属于自己的新时代工匠精神，并将其弘扬和传承下去，为实现“两个一百年”奋斗目标，为实现民族复兴大业努力奋斗。

拓展阅读

有一种工作境界，叫做全国劳模

在中国，有一群从工作精神到工作本领都非常厉害的人——全国劳动模范。

看劳模的故事，你会觉得非常神奇——明明都是些那么普通的人，干着那么普通的工作，却能干到极致，让人叹为观止。同样一个工作，有两种“段位”，一种是普通人的“段位”，一种是劳模的“段位”。

2015 年的全国劳模冯冰，是大同市公共交通总公司三分公司 4 路 970 号驾驶员。你说开个公交车，怎么才能开成全国劳模？

每天，冯冰都坚持早来晚走，对车辆进行认真细致的检查、保养和擦拭，交车从不交有毛病的故障车和卫生不合格的脏乱车。在车辆拐弯时，他提醒乘客们站稳、扶好；在遇到复杂情况时，他提前减速、慢慢行进，避免急刹车；在车辆进站时，他平稳进站、规范停靠；在雨雪天气，他把车停在没有积水和冰冻的地方，为的是不让乘客涉水履冰。冬天，他自费做了“暖心坐垫”；夏天，他给车厢内挂上了窗帘。他还在车厢右前方的车壁上悬挂“百宝袋”，内有针线包、旅游地图、创可贴和日常药品。对一些高龄老人和肢体残障人士，他主动搀扶，背他们上下车，帮他们找座位。

乘客能坐上这样一个驾驶员开的公交车，得多舒服啊！

这就是全国劳模的本事。你觉得人家干的工作特别普通，一点也不华丽，但人家能把每个细节都干得精致完美，每个环节都干出故事，让你惊叹一声：“这活儿居然还能这么干啊，牛!”

对劳模来说，工作追求的就是一种境界。这种境界从他们所讲的话中可见一斑：

1959 年、1979 年全国劳模王学礼：“干点事就争报酬，不配当共产党员。”

1985 年全国劳模杨怀远：“天下万物何所求？只求为人民服务到白头。”

1995 年全国劳模滕增寿：“三五年内办不出一流企业将以生命相许。”

2005 年全国劳模谭旭光：“不争第一就是在混。”

所以劳模为什么厉害？除了坚守岗位、勤奋努力，他们还把卓越、忘我、献身作为一种“道”来追求。

今天，我们要继续向全国劳模学习——不但学他们的精神，也学他们的工作方法，学他们看待工作的视角。

想当上全国劳模，可不是光吃苦就行的。他们都把自己修炼成了行业里绝顶聪明的人，特别会解决问题，抗压能力极强，对工作很有掌控感。

我们可以向他们学习怎么专注于细节，怎么在困境中杀出重围，并乐在其中。例如，2015 年全国劳模马山成这么说：“每解决一个难题，我就多一分快乐。我喜欢那种不断超越自我、挑战自我的感觉。”这个只有初中学历的电器维修工人，不是“修修电器”就完了，他琢磨出的发明创造，“一不小心”就帮公司每年省一百万度电、每天挽回至少几万的损失。你说这样工作能不快乐吗？

遇到瓶颈的时候，你可以去看看同专业的全国劳模是怎么干的，或许他们的方法能给你一点启发。现在很多人都想挣快钱，如运作一下资本，炒作一下流量和资源，努力 3 分，加个杠杆，回报 12 分，含泡沫 10 分。当这种浮躁风气蔓延的时候，我们就更需要劳模精神。劳模告诉我们什么？

别浮，要有静气，不要嫌自己的工作没劲，你还没把它做到最好呢！也不要嫌付出没得到回报，等你做得够好，鲜花自来，掌声自来，无私奉献、艰苦奋斗得到的才是 10 分回报，没有任何泡沫。

全国劳模身后，是数以亿计的中国劳动者。中国因何强大，因为他们。一个崇敬劳模的时代，一定充满活力，因为不劳而获的懒人少；一个把劳模当宝贝的国家，一定很有希望，因为人人都可以通过劳动找到人生上升的途径；一个把广大劳动群众当主人的社会制度，一定很有优势，因为大家都自带使命感和责任感，劳动不光为了糊口，也为了实现自我、报答社会；一个能从劳模身上学到“干货”的劳动者，一定大有可为。

对了，“80 后”“90 后”都开始当劳模了，你还不加油啊？

资料来源：中央纪委国家监委网站。

第三章 劳动的安全

学习目标

1. 掌握日常生活中的消防安全知识。
2. 掌握触电的急救知识。
3. 了解交通事故的危害。
4. 掌握防疫技能。
5. 掌握心肺复苏术和海姆立克急救法的操作步骤。

案例导入

2013年7月9日，五凤溪工区根据车间作业任务安排，准备在五凤溪站、五凤溪至灵仙庙区间，配合内江工务段线路大机捣固作业，计划封锁时间是凌晨1时至4时。

7月8日23时，工区工长陈勇组织职工进行班前安全讲话和当日工作技术交底，安排熊国凯负责室内专职防护，何仁贵与陈茂林负责五凤溪至灵仙庙区间T543/544信号点的配合作业，其中何仁贵负责作业，陈茂林负责防护。

7月9日凌晨0时10分，天下着小雨，何仁贵与陈茂林从住所出发，前往五凤溪至灵仙庙区间T543/544信号点。零时40分左右，两人到达T543/544信号点，打开信号机XB箱，连接好区间电话，试好电话后等点。

0时55分，室内防护熊国凯用区间电话转达工长陈勇的通知安排：因调度令下达封锁时间由180分钟变更为100分钟（调度命令编号：5577），给点时间是凌晨1时至2时40分，两人负责的T543/544信号点的捣固作业取消，让两人回工区下班休息。

接此通知后，何仁贵、陈茂林两人收拾好工具，一前一后沿路肩往五凤溪车站方向行走，两人相距2米左右，照明工具是单位统一配发的头灯。1时17分，两人行走至成渝线K53+579处时，陈茂林突然发现走在前面的何仁贵灯光不见了，赶紧叫他，无应答，又调整头灯角度寻找，发现何仁贵躺在路肩旁一个涵洞里面，头朝沱江一侧。陈茂林询问他怎么回事，何仁贵回答说：踩滑掉进涵洞了，背上很痛，上不去了。

陈茂林赶紧用手机（手机显示此时时间为1时18分）通知工长陈勇，陈勇立即找到工区职工郑丰成和五凤溪车站保安张友德，让二人赶往出事地点；1时40分，他们将何仁贵从涵洞中抬出并背到五凤溪车站，然后用汽车将何仁贵送到就近的金堂县第二人民医院临时处置。7月9日下午，何仁贵被转送到简阳市人民医院治疗。经简阳市人民医院初步诊断为：胸部外伤、右胸第5～10肋骨多发性骨折，右侧肩胛骨骨折，第7、8椎体右侧横突骨折，第3胸椎棘突骨折，创伤性湿肺，全身多处软组织挫伤。

资料来源：百度文库.

第一节 消防安全

水火无情，频频发生的火灾不仅断送了很多人的幸福，而且带来了巨大的经济损失。然而，在我们周围，到处都潜伏着火灾危机，使我们的生命和财产时时处于火灾的威胁之中。隐患险于明火，防患胜于救灾。因此，我们必须学习一些与自己生活、工作息息相关的消防知识和技能，增强消防意识，这对提高我们的自我保护与救助能力，具有重要的现实意义。

一、常见火灾事故原因

（1）可燃物体遇明火燃烧。

（2）可燃物体遇高温起火。

（3）可燃物体被雷电击中起火。

（4）电器线路发生短路、过载、接触不良或产生电弧等引发起火。

（5）可燃物体在输送过程中遇静电火花引发起火。

（6）部分可在空气中自燃的物质储存和使用不当起火，如黄磷、硅烷和遇水自燃的金属（如钠、钾、锂）等。

（7）设备泄漏，高温易燃介质流出引发起火。

二、日常生活中的消防安全

生活中引起火灾的因素主要包括：用火不慎，用电不慎，用油、用气不慎，吸烟不慎，燃放烟花爆竹等。在日常生活中我们应注意防患于未然。

1. 家庭厨房的消防安全

（1）灶头等火源附近不能堆放可燃物。

（2）烹煮食物时，不要长时间离开，离开前须将燃气关闭。如果在烹饪时油锅起火，不可以用水或灭火器来灭火，可盖上锅盖后再用湿毛巾覆盖，阻绝空气来灭火，并迅速关闭燃气。

（3）定期检查燃气管道。

（4）在就寝前和外出前应做如下检查：检查电器、燃气是否关闭，检查烟火是否熄灭。

2. 公共场所的消防安全

（1）尽可能不要前往以下场所：只有单一出入口的场所；位于地下的场所；用易燃物装修的场所；消防器材被破坏、不合格的场所；安全门上锁或是常开的场所；安全梯、通道（如走廊）、楼梯等堵塞的场所。

（2）为了自身安全，进入陌生场所应了解以下情况：避难逃生通道的方向、位置；安全门、梯的位置；消防栓、缓降机、救助袋等各项灭火、避难器具的位置。

三、发生火灾时的注意事项

（1）首先应保持镇定，火势较小就要及时选择正确方法扑灭。火势较大时应拨打119火灾报警电话。电话接通后，详细说明灾害地点或附近目标建筑物，并简述灾情状况。要留下电话及地址以便进一步联系。

（2）切忌慌乱，要判断火势来源，立即向远离火源的方向逃生。切勿使用升降设备（如电梯）逃生，切勿返回房间内拿取贵重物品。

（3）夜间发生火灾时，应先叫醒熟睡的人，不要只顾自己逃生，并且尽量大声喊叫，以提醒其他人逃生。

四、火灾逃生自救的方法

1. 要及时逃生

在一般情况下，火势由初起到狂烧，只需十几分钟，留给人们的逃生时间非常短暂。因此，在发生火灾时，一定不要因抢救家庭财产而错过逃生的机会，而是要快速逃离。

2. 要保护呼吸系统

在逃生时要用水浸湿毛巾、衣服、布类等物品，用其掩住口鼻，以避免烟雾中毒导致昏迷、窒息致死的危险，也可以防止被热空气灼伤呼吸系统的软组织。如果烟雾较浓，要膝、肘着地匍匐前进，爬行时将手心、手肘、膝盖紧靠地面，并沿墙壁边缘逃生，以免错失方向，并要一路关闭所有背后的门，以降低火和浓烟的蔓延速度。

3. 要从安全通道疏散

安全通道有疏散楼梯、消防电梯、室外疏散楼梯等。

4. 可利用绳索滑行

可用结实的绳子或将窗帘、床单、被褥等撕成条后拧成绳，用水沾湿后将其拴在牢固的管道、窗框、床架上，被困人员逐个顺绳索滑到下一楼层或地面。

5. 低层跳离

跳前先向地面扔一些棉被、枕头、床垫、大衣等柔软的物品，以便“软着陆”。然后用手扒住窗户，身体下垂，自然下滑，以缩短跳落高度。但千万要记住不要从高楼层跳下，因为从 10 米（约三层楼高）以上的高度往下跳一般会摔伤甚至死亡。

6. 可借助器材

常用的火灾逃生器材有缓降器、救生袋、救生网、救生气垫、软梯、滑竿、滑台、导向绳、救生舷梯等。

7. 暂时避难

在无路逃生的情况下，可利用卫生间等暂时避难。避难时要用水喷淋迎火门窗，把房间内一切可燃物淋湿，阻止火势蔓延。将床单、毛巾淋湿塞住门缝，防止烟雾进入。在暂时避难期间，要主动与外界联系，以便尽早获救。

8. 利用引导标志

在公共场所的墙上、顶棚上、门上、转弯处一般都设置“紧急出口”“安全通道”“火警电话”和逃生方向箭头等标志，被困人员按标志指示方向顺序逃离，可解“燃眉之急”。

五、火灾事故实例

1. 案例一：违规使用大功率电器

（1）事故经过。

2004 年 10 月 2 日晚 8 时 25 分许，某学校学生公寓 301 宿舍发生一起火灾事故，致使配置给该宿舍使用的行李架、物品柜等设施因火灾受损，另有价值 5 000 余元的学生个人财物被烧毁。

（2）原因分析。

具体原因是：有同学违反学生公寓管理制度，在宿舍内私自使用大功率电器电热杯（寝室内当时无人），插在主接线板的电热杯放在行李架顶层，水烧干后自燃，并引燃了临近的易燃品。

2. 案例二：违规存放易燃物

（1）事故经过。

2005 年 11 月 2 日 15 时许，某学校第 6 号学生宿舍楼三楼发生爆炸起火，当时有两名学生在内，皆在大火中丧生。

（2）事故原因分析。

具体原因是：违规存放汽油，导致爆炸。

第二节　用电安全

一、电对人体的伤害方式

电流对人体的伤害方式一般有两种：电击和电伤。

1. 电击

电击是指电流通过人体时所造成的内部伤害，它会破坏人的心脏、呼吸及神经系统的正常机能，甚至危及生命。在低压系统通电电流不大且时间不长的情况下，电流引起人的心室颤动，是电击致死的主要原因。在通过电流虽较小但时间较长的情况下，电流会造成人窒息而导致死亡。绝大部分触电死亡事故都是电击造成的，日常所说的触电事故，基本上都是指电击。电击可分为直接电击与间接电击两种。

（1）直接电击是指人体直接触及带电体所发生的电击。直接电击多数发生在误触相线、刀闸或其他设备带电部分等情况下，如接触到破损的插头、电线等。

（2）间接电击则是指电气设备发生故障后，人体触及意外带电部分所发生的电击。间接电击大都发生在大风刮断架空线或接户线后，搭落在金属物或广播线上，相线和电杆拉线搭连，电动机等用电设备的线圈绝缘层损坏而引起外壳带电等情况下。

2. 电伤

电伤是指电流的热效应、化学效应或机械效应对人体造成的伤害。主要有以下三种情况：

（1）电弧烧伤。电弧烧伤也叫电灼伤，它是最常见也是最严重的一种电伤，多由电流的热效应引起，具体症状是皮肤发红、起疱，甚至皮肉组织被破坏或烧焦。电弧烧伤既可以发生在高压系统，也可以发生在低压系统。在低压系统，带负荷（尤其是感性负荷）拉开裸露的闸刀开关时，产生的电弧会烧伤操作者的手部和面部；当线路发生短路，开启式熔断器熔断时，炽热的金属微粒飞溅出来会造成灼伤；误操作引起短路也会导致电弧烧伤等。在高压系统，由于误操作而产生强烈的电弧，会造成严重的烧伤；人体过分接近带电体，其间距小于放电距离时，直接产生强烈的电弧，也会造成电弧烧伤。

（2）电烙印。当载流导体较长时间接触人体时，因电流的化学效应和机械效应作用，接触部分的皮肤会变硬并形成圆形或椭圆形的肿块痕迹，如同烙印一般。

（3）皮肤金属化。由于电流或电弧作用（熔化或蒸发）产生的金属微粒渗入了人体皮肤表层，皮肤变得粗糙坚硬并呈青黑色或褐色。

二、电流对人体的危害程度

行业规定安全电压为36V，安全电流为10mA。电击对人体的危害程度主要取决于通过人体电流的大小和通电时间长短，电流强度越大、持续时间越长，死亡的可能性越大。

人体对电流的反应因电流的大小而不同：8～10mA，手摆脱电极已感到困难，有剧痛感（手指关节）。20～25mA，手迅速麻痹，不能自动摆脱电极，呼吸困难。50～80mA，呼吸困难，心房开始震颤。90～100mA，呼吸麻痹，三秒钟后心脏开始麻痹，停止跳动。

此外，电流进入人体部位不同，危害也不同。最严重的是从手（或头）部到脚部，因为约有10%的电流经过心脏。从手到手有3%、从脚到脚有0.4%的电流经过心脏，那种认为电流从脚到脚没有关系的观点是不对的。

三、安全用电常识

（1）要了解电源总开关的位置和开关方法，以便在紧急情况下关闭总电源。

（2）严禁用手或导电物（如铁丝、钉子、别针等金属制品）去接触、探试电源插座内部。

（3）严禁用湿手触摸电器、用湿布擦拭电器。

（4）电器使用完毕后应及时拔掉电源插头；插拔电源插头

时不要用力拉拽电线，以防止电线的绝缘层受损造成触电。如果电线的绝缘皮剥落，要及时更换新线或者用绝缘胶布包好。

（5）不随意拆卸、安装电源线路、插座、插头等。哪怕是安装灯泡等简单的操作，也要先关断电源，并在家长的指导下进行。

（6）使用电器时，要首先检查导线、插头等是否破损。

（7）使用中发现电器有冒烟、冒火花、发出烧焦的异味等情况，应立即关闭电源开关，停止使用。

四、触电急救知识

（1）发现有人触电时首先应在保证个人安全的情况下设法及时关断电源，使触电者尽快脱离电源。

（2）救护人在触电者未脱离电源前不能直接与其接触，必须在做好安全防护措施后再接触。如用干燥的木棍等绝缘物将触电者与带电体分开。

（3）若触电者脱离电源后出现呼吸和心跳停止，要立即进行紧急救护。

五、用电安全事故案例

1. 案例一：带电作业触电事故

（1）事故经过。

2007 年 11 月 13 日，王某发现单位会议室日光灯有两个不亮，于是自己进行修理。他将桌子拉好，准备将日光灯拆下检查是哪里出了毛病。在拆日光灯的过程中，他用手拿日光灯架时手接触到带电相线导致被电击，站立不稳从桌子上掉了下来。

（2）原因分析。

王某安全意识淡薄，维修电器时没有采取必要的防护措施，带电作业，也没有使用任何工具，是造成事故的直接原因。

2. 案例二：设备使用触电事故

（1）事故经过。

2016 年 4 月 1 日，张某在家中使用电锤设备，由于连接线路磨损，电线外露，接上电源后，手碰及外露电线导致被电击，手指被电伤。

（2）原因分析。

张某在使用电器设备时，没有及时检查设备的线路情况，是造成事故的直接原因。

第三节　交通安全

一、交通事故的危害

近年来，我国机动车数量迅猛增加，交通条件与交通流量之间的矛盾日益突出。据统计，2021 年全国因交通事故死亡人数是 61 703 人，交通事故给肇事者自身、受害人及其家庭和社会带来了巨大的危害。

1. 交通事故对本人和家庭的危害

（1）对致伤者的危害。交通事故致人损伤后，伤者不仅要承受身体上的伤痛，同时在医治过程中也打乱了正常的生活秩序，分散了家人的精力和时间，甚至会影响其升学、升职、就业等的机会。

（2）对致残者的危害。交通事故致受害人变残，不仅影响其个人的发展，也给家人带来麻烦与痛苦，家庭医疗费用支出额外增加、家庭日常开支增大，受害人失去劳动力、失去经济收入来源，加重受害人家庭的负担。

（3）对致死者家庭的危害。交通事故致人死亡后，原本完整的家庭瞬间残缺，失去亲人的痛苦和阴影将一直伴随着他们，造成难以愈合的创伤。

2. 交通事故对社会的危害

交通事故无论是引起人的伤亡还是财产的损失，都会对社会资源造成浪费，使其无法发挥应有的效益。

二、交通常识

出行时一定要做到“会走路、会骑车、会乘车”，这三个“会”的目的就是保障自己的人身安全。

1. 走路出行安全

（1）走路时，要走人行道或在路边行走，人行道标志如图 3 - 1 所示。过马路时，注意左右看，红灯停、绿灯行，不乱跑、不穿行，不在马路上追逐打闹、不能攀爬栏杆。

（2）横过车行道，必须走人行横道，人行横道的标志如图 3 - 2 所示。没有人行横道的，须先看清左右来往车辆，不要追逐、猛跑。

（3）不要突然横穿马路，也不要走在路中突然返回，否则易因驾驶员准备不足、判断失误而发生交通事故；特别需要注意的是右转车辆仍在正常行驶，要注意避让。

图 3-1　人行道标志

图 3-2　人行横道的标志

（4）集体外出时，最好有组织、有秩序地列队行走，不要相互追逐、打闹、嬉戏，行走时要专心，注意周围情况，不要东张西望，特别提醒走路时不要看手机。

2. 骑车出行安全

（1）未满 16 周岁不允许骑电动车，驾乘人员应佩戴安全头盔，车辆尾部配备夜间反光标志。

（2）骑车上路请走非机动车道，非机动车道标志如图 3-3 所示。非隔离的路段请靠右行驶，车速不能过快，更不能双手离把，不能逆行，骑车拐弯时要伸手示意。

图 3-3　非机动车道标志

（3）骑行过程中，一定要注意交通规则，不随意横穿马路或突然变道，更不能闯红灯。

（4）远离车辆的盲区，很多交通事故都是由驾驶人的视线盲区导致的，特别要远离大型车辆，因为大车盲区会更多。

（5）多辆车并行时，不要相互勾肩搭背，相互追逐。

3. 乘车出行安全

（1）不要在机动车道上等候车辆或招呼出租车，应该在车站台上或指定地点依次候车。车来后，待车停稳时，再按顺序先下后上。不要携带易燃、易爆等危险品上车。

（2）上车后找座位坐好，没有座位时，应抓好把手站稳。乘坐小型客车，坐前排时要系好安全带，坐车时不要把身体的任何部分伸出窗外，更不要向车外乱扔东西。

（3）车到站后，下车时不要拥挤，在行车道上不得从机动车左侧下车，开关车门时不能妨碍其他车辆和行人通行。下车后，需横穿行车道时，应在确定没有车辆通过时，从车尾部穿行，切不可从车头部贸然通过。

三、发生交通事故的处理

1. 在道路上遇到突发交通事故

（1）如果是本人受伤，若伤情较轻能离开行车道则应尽量离开，之后进行自我应急救护；若伤情较重，尽量寻求他人帮助或报警求助，及时就医。

（2）如果是自己导致他人受伤，应首先从车行道上把受伤者拖出来进行紧急救护，并及时报警求助，及时将伤者送医。

（3）将重伤员从车内搬动、移出前，首先应在地上放置颈托，或进行颈部固定，以防颈椎错位、损伤脊髓，发生高位截瘫。

2. 报警处理

发生交通事故后，伤情严重的应立即拨打 120 急救电话，随即拨打 110 报警电话，并清楚表述案发时间、方位、受伤情况等。

同学们，美好的人生从安全开始，只有保证了健康和安全，才能创造美好的未来，大家一定要培养文明交通意识，养成自觉遵守交通法规的良好习惯。同时还要当好交通安全的宣传员，向别人宣传交通安全法律法规，更要帮助家长提高交通安全意识。只要大家始终把交通安全牢记在心，落实到行动，我们就可以远离交通事故。

第四节　防疫安全

2020 年，一场突如其来的新型冠状病毒肺炎疫情暴发，使人民生命健康受到严重威胁。一时间，全国各地的医务工作者奔赴“前线”，一场抗击疫情的攻坚战和人民生命的保卫战打响了！这是一场没有硝烟的战争，唯有苦战，才能求胜。

面对疫情的挑战，我们只能沉着应战。“知己知彼，百战不殆”，首先我们应该加强对传染病的了解。

传染病是由各种病原体引起的能在人与人、动物与动物或人与动物之间相互传播的一类疾病。

一、传染病的分类

根据《中华人民共和国传染病防治法》，传染病分为三类，包括甲类、乙类和丙类。

其中，甲类传染病有两种，包括鼠疫和霍乱；乙类传染病共 25 种，包括传染性非典型肺炎、艾滋病、病毒性肝炎、脊髓灰质炎、人感染高致病性禽流感等；丙类传染病有 10 种，包括流行性感冒、流行性腮腺炎、风疹等。2020 年 10 月，国家卫健委发布《传染病防治法》修订草案征求意见稿，乙类传染病新增人感染 H7N9 禽流感和新型冠状病毒两种。丙类传染病新增手足口病。

二、传染病传播的三个环节

如图 3-4 所示，传染病的流行必须具备传染源、传播途径和易感人群三个环节，缺少其中任何一个环节，都不能流行。当传染病流行时，切断任何一个环节，流行即可终止。

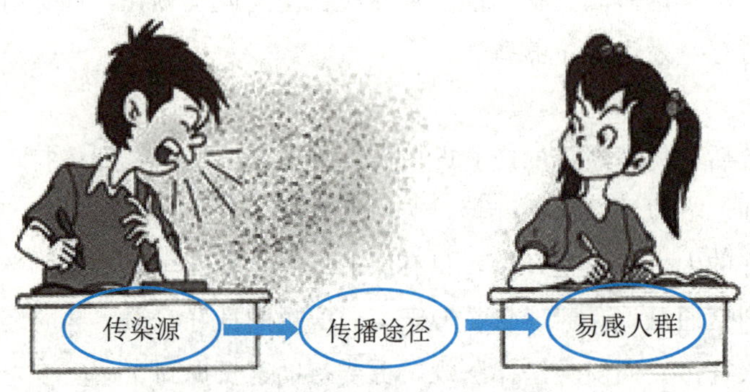

图 3-4　传染病传播的三个环节

传染源主要是能够散播病原体的人或动物，以及它们所产生的一些分泌物，比如血液、唾液、体液、尿液、大便等。

传播途径主要是病原体离开传染源到达健康人所经过的途径，如空气传播、饮食传播、生物媒介传播，还有可能是体液传播、血液传播。

易感人群主要是对某种传染病缺乏免疫力而容易感染该病的人群。

三、掌握防疫技能

作为中职学校学生，我们应该自觉配合所在社区或学校做好疫情防控工作，为阻断传染病的传播尽自己的一份力。

1. 学习宣传相关法律法规

要主动学习与传染病预防相关的法律法规，如《中华人民共和国传染病防治法》《中华人民共和国突发事件应对法》《突发公共卫生事件应急条例》等。在学校，可以通过团委或学生会组织将以上法律法规及传染病预防的方法等知识印刷成宣传册，分发到老师和同学手中，或者做成宣传橱窗等在校园内展出。也可以将相关资料做成宣传小视频、音频等，在校园或班级里播放。

2. 积极普及传染病预防知识

在传染病传染高发期，每个人都做好自身防护也是为社会做贡献的方式之一。如果我们每个人、每个家庭都能做好自身防护，不感染传染病，对其他人也是一种保护。所以，在传染病传染高发期，我们要主动学习并向同学、家人宣传传染病预防知识，如仔细洗手，认真消毒，及时通风，外出佩戴口罩；如果不幸成为感染者或疑似病例，立即向社区报告，并接受居家隔离或集中隔离等。

(1) 提高免疫力，不做易感人群。当人的免疫力下降时，就容易被病毒“盯”上，从而感染疾病，所以不想感染传染病，就一定要提高自身的免疫力。如何提高免疫力呢？我们可以从以下几点入手：

1) 要保证充足的睡眠。不要熬夜，保证每天8～9个小时的睡眠，可以使免疫力处在一个相对正常的状态。

2) 要合理膳食。注意饮食清淡，要以新鲜的蔬菜谷物为主，保证充足的维生素和蛋白质的摄入，饮食种类要丰富，不要太单一。

3) 要保持心情舒畅。不要过度兴奋或者过度抑郁。

4) 要适当运动。可以进行一些适量的运动，比如跑步、跳绳等。

(2) 远离传染源。在日常生活中，我们要尽量远离传染源，以免被传染。

1) 远离医院，发病人群最集中的地方就是医院了，尤其是急诊科、发热门诊、呼吸内科。

2) 尽量远离人多且密闭的环境，如超市、商场、生鲜市场、饭店等。

3) 尽量避免乘坐地铁、公交车等密闭、人多的交通工具。

4) 保持基本的手卫生和呼吸道卫生，避免和有发热、咳嗽等症状的人密切接触。

当不可避免要出现在上述场景时，应戴一次性外科口罩（至少两层）或者N95口罩，一次性口罩最长4小时就需要更换，被水汽浸湿失去防护效果时也需要更换。

3. 学习传染病预防技能

在传染病高发期，作为学生，我们可以在学校、家里向同学、家人宣传正确的洗手方法、通风方法、消毒方法、佩戴口罩的方法等，使疾病预防方法入脑入心，做到人人重视、人人掌握。

(1) 掌握洗手的方法。洗手揉搓步骤七字口诀是“内、外、夹、弓、大、立、腕”，即“七步洗手法”，详细步骤如图3-5所示。

步骤一：“内”——掌心相对，手指并拢，相互揉搓。

步骤二：“外”——手心对手背，沿指缝相互揉搓，左右手交换进行。

步骤三：“夹”——掌心相对，双手交叉沿指缝相互揉搓。

步骤四：“弓”——弯曲手指使关节在另一掌心旋转揉搓，左右手交换进行。

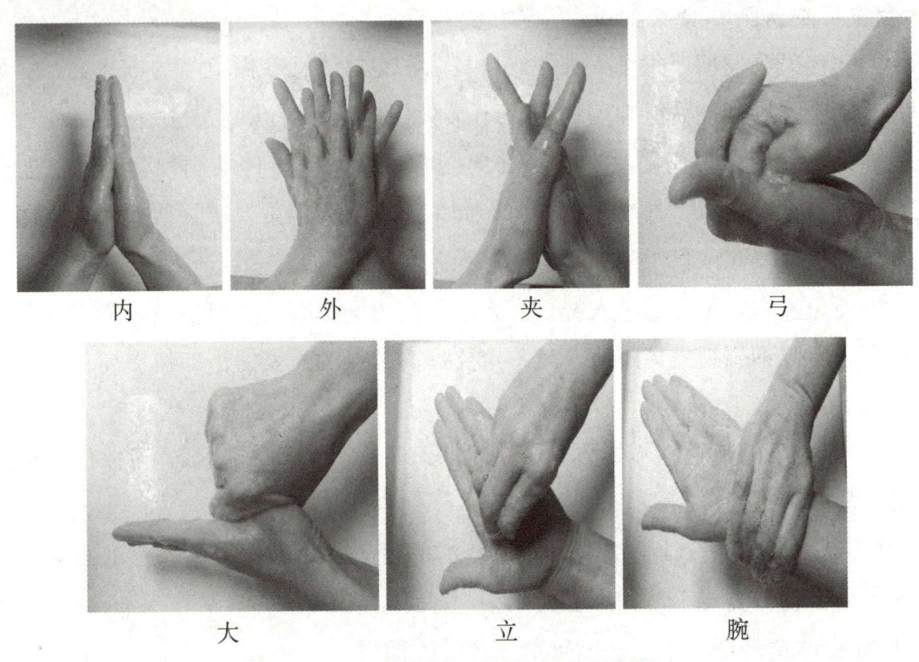

图 3-5 “七步洗手法”的详细步骤

步骤五：“大”——右手捂住左手大拇指旋转揉搓，左右手交换进行。

步骤六：“立”——将五个手指尖并拢放在另一手掌心旋转揉搓，左右手交换进行。

步骤七：“腕”——一只手握住另一只手手腕揉搓，左右手交换进行。

最后在流动水下冲净双手，用一次性纸巾、干净的毛巾擦干或用干手机烘干双手。

（2）掌握通风的方法。开窗通风的正确方法如下：

1）保证通风次数：每天至少通风 3 次，而易污染的工作场所通风要求是每 5 分钟左右一次。

2）选好通风时间：8：00～11：00 和 13：00～16：00 是最佳通风换气时间，家住马路边者，开窗要注意避开早晚交通高峰，同时开窗通风时注意保暖。

3）注意通风时长：在无风或微风的情况下开窗，开窗时长以 20～30 分钟为宜。如果只是开一条小缝，开窗时长以 30～60 分钟为宜。

（3）掌握消毒的方法。75％酒精、含氯消毒剂（如 84 消毒液）、过氧化氢消毒液（如双氧水）、氯仿等消毒液均可让病毒表面蛋白失活，能最大程度地降低感染传染病的概率。

在家庭中，针对不同的物体，我们可以采用以下不同的方法，使用不同种类和不同浓度的消毒制剂进行消毒。

1）餐饮具和茶具：需要煮沸消毒，煮沸时间是 15～30 分钟，也可以采用消毒柜进行消毒。

2）物体表面：针对台面、门把手、电话机、开关、热水壶把手等常接触的物体表面，配制浓度为 250mg/L 的含氯（溴）消毒液进行擦拭，消毒作用时间应不少于 15 分钟，最后用清水擦拭。

3）地面：采用拖式消毒。用拖把蘸取浓度为 250mg/L 的含氯（溴）消毒液进行擦拭，作业时间为 30 分钟，30 分钟之后再用清水进行清洁，擦净即可。

4）毛巾衣物：可以使用衣物消毒液，按照说明书稀释浸泡消毒，然后使用清水冲洗。有条件的家庭也可以使用紫外线灯消毒，照射 2 小时左右。

5）卫生洁具：洁具可用有效氯含量为 500mg/L 的含氯消毒剂浸泡作用 30 分钟后清洗晾干。

清洁消毒完毕后，应立刻对相关消毒工具进行清洗，如拖把、抹布等要及时清洁，以免造成二次污染。然后依次摘除口罩、手套，洗手。

（4）掌握口罩的佩戴方法。佩戴口罩的步骤如图 3－6 所示。

图 3－6　佩戴口罩的步骤

步骤一：先洗净双手，然后确定口罩正反面，正面应该朝外，医用口罩上还有鼻夹金属条，有金属条的部分应该在口罩的上方，不要戴反了。

步骤二：将口罩罩住鼻、口和下巴。

步骤三：将两端的细带挂于耳后。

步骤四：用双手压紧鼻梁两侧的金属条，使口罩上端紧贴鼻梁，然后向下拉伸口罩，使口罩不留有褶皱，覆盖住鼻子和嘴巴。

步骤五：用双手压紧脸颊两侧的口罩。

步骤六：整理口罩的细带来调整口罩松紧。

第五节 急救常识

如果意外在身边发生，有人受伤或晕厥，你会伸出援手施救吗？你懂急救知识吗？应该如何进行急救呢？生命没有如果，为了挽救他人的生命，也为了关爱自己的生命，我们应该学会必要的急救知识。

一、急救概述

所谓现场急救，是指当有人发生意外事故或急症时，在未获得医疗救助之前，为防止病情恶化、减少病人痛苦和预防休克等而对其采取的一系列急救措施，又称院前急救。其目的是维持、抢救伤病员的生命，改善病情，减轻伤病员痛苦，尽可能防止并发症和后遗症。

在我们生活、工作、学习的场所经常出现意外伤病，紧急伤病事件发生的最初十分钟是急救处置的关键时期。比如心脏骤停，大量急救案例实践证明：4 分钟内进行复苏者，有大约 32%能被救活；4～6 分钟开始进行复苏者，仅 10%可以救活；超过 6 分钟者，存活率仅为 4%；而 10 分钟以上开始复苏者，几乎无存活可能。然而，以现在的大中型城市急救半径覆盖能力，医务人员很难在十分钟内到达救治现场。因此在医务人员赶到现场前，如果能采取及时、正确的应急救护措施，就能为医院救治创造条件，有效地降低死亡率和伤残率，所以这十分钟也被称为“白金十分钟”。

二、掌握急救技能

“白金十分钟”自救互救，是我们国家率先提出来的。心肺复苏术和呼吸道异物梗阻急救法是“白金十分钟”自救互救技能的重要内容，学会急救技能关键时刻能救人性命。

1. 心肺复苏（CPR）

当我们身边有人因为食物药物中毒、心脏病、高血压、触电、气体中毒、异物堵塞呼吸道、溺水而导致呼吸困难或心脏骤停时都需要进行心肺复苏。

（1）心肺复苏前的准备工作。

1）确保自身安全。观察周围环境，确定环境安全，确保做好自身的防护。

2）判断患者的意识。将患者平放于硬质的平面上，面朝天仰卧位，检查患者的反应。拍打双肩，呼唤双耳，手指掐压人中，用力掐虎口、耳垂，以判断患者的反应，如果没有反应表示意识丧失。

3）呼救。可以大声呼喊，先寻求身边人的帮助，同时拨打“120”急救电话。拨打急救电话时，先说患者所在的详细地址，其次说清楚患者基本情况，如：年龄、性别、患者现在的症状（如昏迷、失血过多、急腹痛等）。然后要记住给“120”接听者留下呼救者的电话号码及姓名，以便救护人员在找不到地址时及时与呼救者联系。呼救后要做出发准备，查看患者周围的情况，及时清除患者周围的障碍物，确保救护人员方便搬运抬护患者。随时观察病人的情况，必要时要做一定的救护处理。

4）检查。判断患者有无呼吸和大动脉搏动。方法是：暴露患者的胸廓，除去患者的外衣，用眼睛观察患者的胸部有无起伏运动，用耳朵听患者有无呼吸音，用面颊感觉患者是否还有气流呼出。在判断呼吸的同时也要判断患者的大动脉搏动，一般判断颈动脉的搏动，搏动的触点在甲状软骨旁，胸廓乳突肌的沟内，也就是甲状软骨旁开两指左右的凹槽内。如果二者都没有，则立即进行胸外按压。需要强调的是，以上两点是同时进行的，而且要在10秒以内完成，如果10秒内仍不能确定有无脉搏，则视为无脉搏。

（2）胸外按压。

1）按压姿势：先使患者平躺在坚硬的地面上，抢救者跪在患者左侧。一手的掌根部紧贴于胸部按压部位，另一手掌放在此手背上，两手平行重叠，且手指交叉互握稍抬起，垂直下压。抢救者的双臂应该绷直，双肩中点垂直于按压部位，利用上半身的重量和肩、臂部的肌肉力量按压。

2）按压位置：按压的部位是胸骨下半部，也就是双乳头连线的中点。

3）按压频率：按压速度是100～120次/分钟，按压一定要平稳、有规律地进行，不能间断，下压与向上放松时间相等，不能冲击式地猛压或跳跃式地按压。按压的时候嘴里数数，尽量地数出来，以保证按压的频率，尽量减少按压的中断。

4）按压深度。按压的深度是成人5～6厘米，儿童5厘米，如果超过6厘米可能会有不良影响。而且每次胸外按压，一定要使胸廓完全回弹，按压时手不要倚靠在病人的胸部。

（3）人工呼吸。

胸外按压30次后，要对患者进行口对口的人工呼吸，进行辅助呼吸前，需要先开放患者气道，这是为了解除意识丧失患者因舌后坠而引起的呼吸道阻塞。

1）打开气道。将一只手置于患者的前额，用手掌压额头，另一手的食指和中指抬起下巴，使头部后仰。如见到患者口中有呕吐物或假牙等异物，应立即将患者的头侧向一边，用手指小心清除口腔内异物，如图3-7所示。

2）进行人工呼吸。开放气道后，立即进行两次人工呼吸，每次吹气时间为1秒钟，吹气时应能见到患者胸廓的起伏。如图3-8所示。

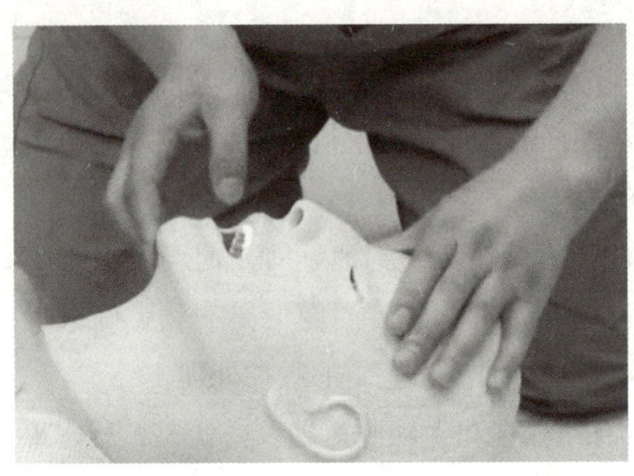

图 3-7　打开气道

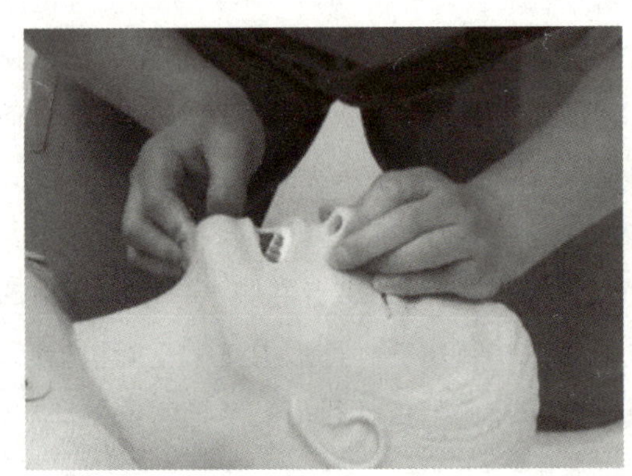

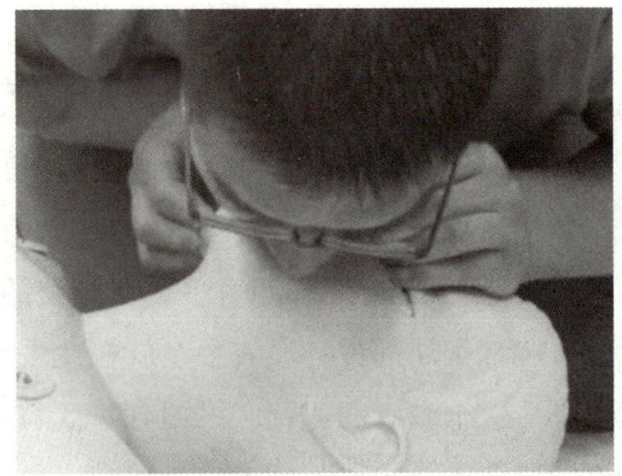

图 3-8　口对口呼吸

具体方法是：施救者用压在患者额头的手的拇指和食指捏住患者的鼻子，正常吸一口气，用口严密包住患者的口唇，缓慢吹气，这个吹气量一般是 500～600 毫升，持续 1 秒，使患者胸廓隆起，吹气结束后，操作者口唇离开患者的口部，使气体被动呼出。吹气要连续两次，两次吹气大约相隔 18 秒，要避免过度吹气，吹气的同时，用余光观察患者胸部是否隆起。

（4）除颤。

体外自动除颤仪简称“AED”（见图 3-9），通常在机场、车站、码头、学校、酒店等公共场所配备。

在急救中，胸外按压是前提，除颤是关键，两者要结合起来。一般来讲，在没有 AED 的时候要持续按压，直到 AED 就位，如果旁边就有 AED，要立即进行除颤，这是非常关键的。AED 的使用很简单，只要按照语音提示操作即可，一般步骤如下：

1）开启 AED。打开 AED 的盖子，根据图示和声音的提示操作（有些型号需要先按下电源）。

2）给患者贴电极。在患者胸部适当的位置上，紧密地贴上电极。通常而言，两块电

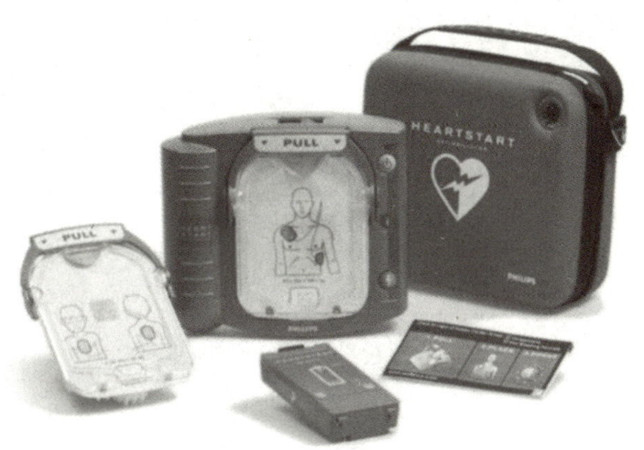

图 3-9 AED（体外自动除颤仪）

极板分别贴在右胸上部和左胸乳头外侧，具体位置可以参考 AED 机壳上的图样和电极板上的图片说明。

3）将电极板插头插入 AED 主机插孔。

4）开始分析心律，在必要时除颤。按下“分析”键（有些型号在插入电极板后会发出语音提示，并自动开始分析心率，在此过程中请不要接触患者，即使是轻微的触动都有可能影响 AED 的分析），AED 将会开始分析心率。分析完毕后，AED 将会发出是否进行除颤的建议，当有除颤指征时，不要与患者接触，同时告诉附近的其他任何人远离患者，由操作者按下“放电”键除颤。

需要强调的是，尽量缩短除颤前后的按压中断，在 AED 充电时也不要停止按压，对于室颤引起的心脏骤停，除颤比按压重要，如果旁边有 AED，单人复苏也要首先取 AED 除颤，而不是先按压，一定要尽早地除颤。

（5）评估。

评估方法是：成人胸外按压与人工呼吸的比例为 30∶2，30 次胸外按压和两次人工呼吸为一个循环，连续做 5 个循环，大约两分钟，再检查呼吸心跳是否恢复，并要在 10 秒之内完成，如果仍没有呼吸及大动脉搏动，则继续进行心肺复苏，直到急救人员到达现场。注意要进行高质量的 CPR，也就是重压、快压，减少中断，完全反弹，防止过度通气，如果有其他人在场，最好每两分钟换一个人。

2. 呼吸道异物阻塞急救

呼吸道异物阻塞，是指急性的异物不完全或完全阻塞呼吸道。

（1）呼吸道异物阻塞的表现。

发生呼吸道异物阻塞的伤病员常常不自主地以一手呈“V”字状紧贴于颈前喉部，如图 3-10 所示。病人会出现剧烈的刺激性咳嗽和反射性呕吐，声音嘶哑，无法完整、清楚地表达思想；被较大异物堵塞喉部、气管时，病人会出现脸色和嘴唇发紫、呼吸困难等症状，可能会很快停止呼吸。

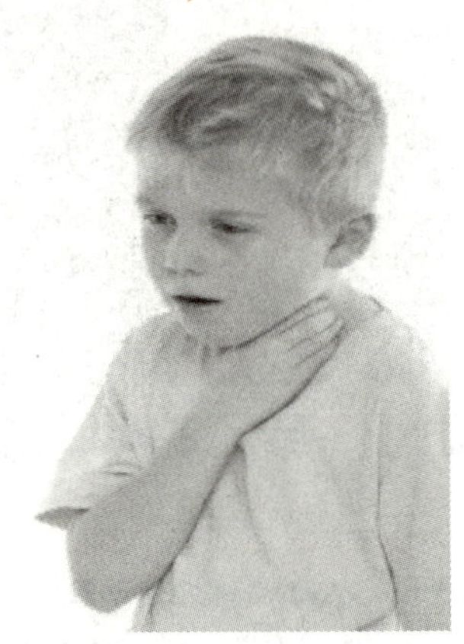

图 3－10　发生呼吸道异物阻塞的表现

（2）救护措施（“海姆立克急救法”）。

1）一岁以内婴儿。婴儿如果发生窒息，应先如图 3－11（1）所示将婴儿面朝下放置在手臂上，手臂贴着婴儿前胸，大拇指和其余四指分别卡在其下颌骨位置。另一只手在婴儿背上肩胛骨中间拍 5 次，然后观察异物有没有被吐出。

如果没有吐出，立刻将婴儿翻过来，头下脚上面对面放置在大腿上。一只手固定在婴儿头颈位置，另一只手伸出食指中指，快速压迫婴儿胸廓中间位置，如图 3－11（2）所示，重复 5 次之后将孩子翻过来重复第一种方法，直至异物排出为止。

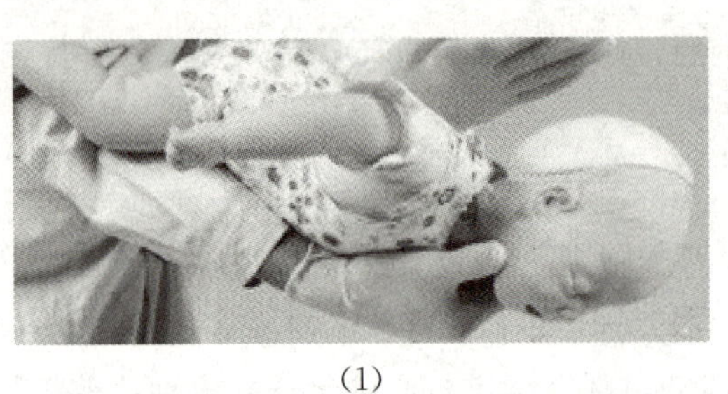

（1）

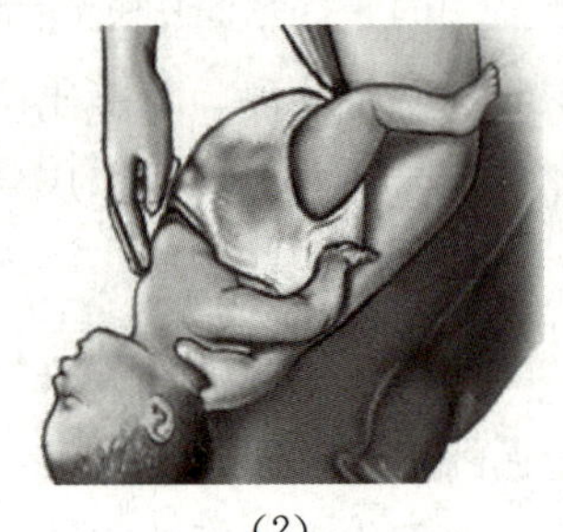

（2）

图 3－11　婴儿海姆立克急救法

2）三岁以下孩子。

应该马上把孩子抱起来，一只手捏住孩子颧骨两侧，手臂贴着孩子的前胸，另一只手托住孩子后颈部，让其脸朝下，趴在救护人膝盖上。在孩子背上拍 1～5 次，并观察孩子是否将异物吐出。

如果上述操作异物没出来，可以采取另外一个姿势。把孩子翻过来，躺在坚硬的地面或床板上，抢救者跪下或立于其足侧，或取坐位，并使孩子骑在抢救者的大腿上，面朝前。抢救者以两手的中指或食指，放在孩子胸廓下和脐上的腹部，快速向上压迫。重复，直至异物排出。

3）成人。施救者如图 3－12 所示呈丁字步，站在患者身后，双手向前环抱患者腹部。保持患者前倾，一只手握拳，用拇指的一侧抵住患者的上腹部肚脐稍上处，另一只手压住握拳的手，两手用力快速地向内向上挤压，重复 5 次腹部冲击。继续交替进行 5 次背部拍击与腹部冲击，直到异物排出，阻塞解除，患者能自主呼吸。

注意：如患者失去意识，应支撑住患者，将其平放在地面上，拨打 120，并立即开始进行心肺复苏。

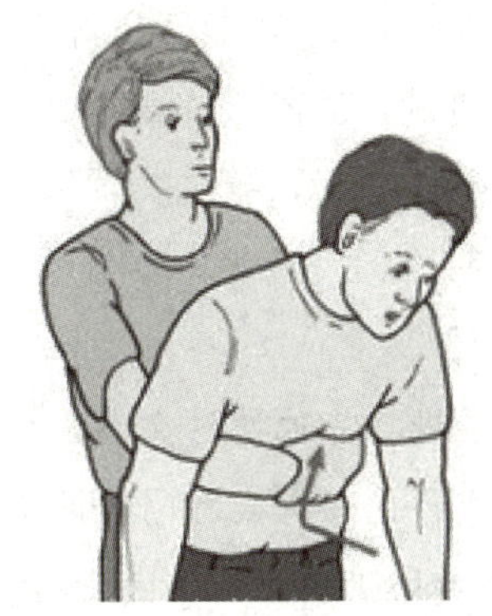

图 3－12　成人海姆立克急救法

4）自救。如果是自己发生了呼吸道阻塞，而身边又没有其他人可以帮助时，趁着意识清楚一定要争分夺秒采取以下方法自救：自己一只手握成拳，另一只手包裹住，快速向内向上冲击肚脐与肋骨中间的位置，直到将异物排出为止。如果自己力气不够，那么迅速寻找一把带靠背的椅子或者桌子，然后借助桌角、椅背或者其他坚硬的物体向内向上冲击自己的腹部，一定要快、准，反复冲击几次，直到异物排出。如图 3－13 所示。

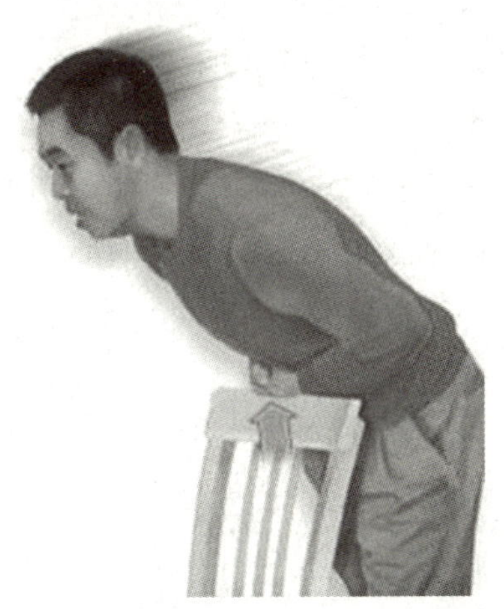

图 3－13　海姆立克自救法（自救）

拓展阅读

中职生安全常识100条

一、交通安全篇

1. 行人须在人行道内行走，没有人行道靠右边行走；穿越马路须走人行横道。

2. 通过有交通信号控制的人行道，应做到红灯停，绿灯行；通过没有交通信号控制的人行道，要左顾右盼，注意来往车辆，不准追逐、奔跑。

3. 没有人行横道的，须直行通过，不准在车辆临近时突然横穿，有过街天桥或地下通道的，须走过街天桥或地下通道。

4. 不准爬越马路边和路中的护栏、隔离栏，不准在道路上扒车、追车、强行拦车或抛物击车。

5. 不要在道路上玩耍、坐卧或进行其他妨碍交通的行为。

6. 不要进入高速公路、高架道路或者有人行隔离设施的机动车专用道。

7. 不满12周岁的孩子不能在道路上骑车，不满16周岁不能在道路上骑电动车。

8. 骑车时要集中精神，谨慎骑车。

9. 不打伞骑车，不脱手骑车，不骑车带人，不骑“病”车，不骑快车，不与机动车抢道，不平行骑车，不在恶劣天气骑车。

10. 骑车转弯要减速慢行，向后望，伸手示意。

11. 掌握不同天气的骑车要领，做到：顺风不骑快车，逆风不低头猛踏，雾天控制车速，冰雪天把稳车头，雨天防止行人乱穿。

12. 不要在禁行道路、路段或机动车道内骑车。

13. 骑车时不要牵引车辆或被其他车辆牵引。

14. 维护乘车秩序，不争先恐后。

15. 乘公共汽车要等车停稳后上下车，在车上要抓好扶手。

16. 头、手等身体部位不能伸出窗外，保管好身边物品，防止扒窃。

17. 乘坐二轮摩托车必须佩戴安全头盔，不准倒坐和侧坐。

18. 乘高速汽车要系安全带，不乘超载车。

19. 过铁路要做到一停二看三通过，不穿越封闭的铁路道口。

20. 遇到交通事故，及时报警，求助“122”。

二、溺水防范篇

21. 下水前要做好准备活动。

22. 远离河道，严禁去水库游泳，不独自一人在江河湖泊游泳。

23. 身心情况欠佳时，如疲倦、饱食、饥饿、生病、情绪不好时不宜游泳。

24. 身体患病时不要游泳，强体力劳动或剧烈运动后，不立即游泳。

25. 不在水况不明的江河湖泊游泳，恶劣天气不外出游泳。

26. 设有“禁止游泳或水深危险”等警告标语的水域，严禁游泳、戏水。

27. 游泳池边不要奔跑或追逐，以免滑倒受伤。

28. 游泳池边不可任意推人下水，以免撞到他人或撞到池边受伤。

29. 游泳戏水时，不可将他人压入水中不放，以防其因呛水而窒息。

30. 水中活动，感到有寒意时，或有抽筋的迹象时，应登岸休息。

31. 若在水中发现自己体力不支，无法游回岸边，应立即举手求救，或大声喊叫，等待救援。

32. 发现有人溺水时，立即发出“有人溺水”的呼救或拨打“110”请求支持，儿童、少年不可贸然下水施救。

33. 发生溺水事件时，必须镇定冷静，了解自己所处环境，并利用本身浮力或身边物体来自救求生。

34. 发生溺水事件时，不太熟悉水性者应采取仰卧位，头部向下，使鼻部露出水面呼吸，呼气要浅，吸气要深。切忌慌张，将手臂上举乱扑动，加速身体下沉。

35. 发生溺水事件时，会游泳者，如发生小腿抽筋，要保持镇静，采取仰泳位，用抽筋肢体对侧的手将抽筋的腿的脚趾向身体方向拉，可使痉挛缓解，然后慢慢游向岸边。

36. 救起溺水者后，要清除其口鼻喉内异物，排出其胃、肺部的水，必要时进行人工呼吸。同时，迅速拨打急救电话“120”。

三、饮食卫生篇

37. 不吃（买）不新鲜和腐烂变质的食品。

38. 不吃被卫生部门禁止上市的海产品。

39. 不生吃海鲜、河鲜、肉类等。

40. 不买无证摊贩的食品。

41. 不买无商标或无出厂日期、无生产单位、无保质期等标签不完整的食品。

42. 不吃有毒食品（如河豚、野生蘑菇、生的四季豆、发芽土豆等）。

43. 不食昆虫类动物污染过的食品。

44. 不喝未经煮沸的自来水，不喝存放时间过长的、过时的纯净水。

45. 养成良好的个人卫生习惯，饮食前做到先洗手。

46. 餐具要卫生，要有自己的专用餐具。

四、传染病防治篇

47. 经常开窗通风，保持室内空气新鲜。

48. 搞好环境卫生，保持室内和周围环境清洁。

49. 养成良好的卫生习惯，不要随地吐痰，勤洗手。

50. 保持良好的生活习惯，多喝水、不吸烟、不酗酒。

51. 经常锻炼身体，保持均衡饮食，注意劳逸结合，提高自身抗病能力。

52. 要根据天气变化适时增减衣服，避免着凉。

53. 如果有发热、咳嗽等症状，应及时到医院检查治疗。

54. 当发生传染病时，应主动与健康人隔离，尽量不要去公共场所，防止传染给他人。

55. 要进行免疫预防，流行季节前进行相应的预防接种，如流感、肺炎、麻疹、流脑等疫苗。

56. 在传染病发病期间，不要到人多拥挤的公共场所去。

五、消防知识篇

57. 发现火灾迅速拨打火警电话“119”。报警时讲清详细地址、起火位置、着火物质、火势大小、报警人姓名及电话号码，并派人到路口迎候消防车。

58. 油锅着火，不能用水泼，应关闭炉灶燃气阀门，直接盖上锅盖或用湿抹布覆盖灭火。

59. 燃气罐着火，要用浸湿的被褥、衣物等捂盖灭火，并迅速关闭阀门。

60. 家用电器或线路着火，要先切断电源，再用干粉或气体灭火器灭火，不可直接泼水灭火，以防触电或电器爆炸伤人。

61. 救火时不要贸然开门窗，以免空气对流，加速火势蔓延。

62. 火灾袭来时要迅速逃生，不要贪恋财物。

63. 受到火势威胁时，要当机立断，披上浇湿的衣物、被褥等向安全出口方向冲出去。

64. 穿过浓烟逃生时，要尽量使身体贴近地面，并用湿毛巾捂住口鼻。

65. 身上着火时，千万不要奔跑，可就地打滚或用厚重的衣服压灭火苗。

66. 遇火灾不可乘坐电梯，要向安全出口方向逃生。

67. 室外着火，门已发烫，千万不要开门，以防大火窜入室内，要用浸湿的被褥、衣物等堵塞门窗缝，并泼水降温。

68. 遇火灾时不要盲目乱跑、跳楼，这样有可能造成不应有的伤亡，在火势未蔓延前，可朝逆风方向快速离开。

69. 若火场逃生之路均被大火切断，应退居室内关闭门窗，有条件的可向门窗上浇水，延缓火势蔓延，同时向窗外扔小的物品或打手电求救。

70. 不要上山玩火，严禁中小学生参加森林火灾扑救。

六、治安防范篇

71. 珍爱生命，珍爱身体，远离烟酒、毒品，不参与赌博。

72. 不打架斗殴、辱骂他人，同学之间发生矛盾要学会宽容，互相谦让。

73. 遭到殴打，要及时求助“110”，并说清出事的时间、地点和打人者的相貌特征。

74. 不进入法律、法规规定的未成年人不宜进入的营业性歌舞厅等场所。

75. 不买、不看、不传、不藏淫秽的书刊和音像制品，包括不健康的小报、杂志和带有不健康内容的游戏等。

76. 遇有坏人威胁或教唆你做坏事时，应坚决拒绝，并及时报告老师或家长。

77. 交友要慎重，不随便结交社会上的闲散人员，特别是一些有劣迹的人员。

78. 严格遵守公安机关规定，不携带任何管制刀具。

79. 在学习和生活中遇到挫折，应向父母、老师倾诉，求得帮助，不要离家出走。

80. 警惕坏人花言巧语的诱骗，坚决不跟陌生人走。

81. 身体受到坏人的侵害后，应在家长或老师的带领下，立即到当地公安机关报案。

82. 不要将过多的钱和贵重物品带到学校，不要在公共场所显露自己的钱物。

83. 不参加任何形式的封建迷信活动，不买、不看宣传封建迷信的书籍和音像制品。

84. 在校内外被人强行索要钱物时，要及时报告老师和父母。

85. 不能随便吃喝陌生人赠送的食物和饮料。

七、心理健康篇

86. 学会调节自己的情绪，保持轻松、愉快和乐观的心情。

87. 培养自己战胜挫折、困难的勇气和毅力。增强承受挫折的能力，学会在逆境中磨炼自己的意志。

88. 培养自己的自信心，防止各种不良心理状态的侵害。

89. 建立一种和谐、融洽、纯洁而又充满真情的同学关系。

90. 不嫉妒别人，正确、客观地对待自己、对待他人。

八、网络安全篇

91. 要充分认清网络负面影响的危害，自觉培养正确的网络道德观。

92. 正确对待网络，使之成为学习上的良师益友。

93. 严格遵守国家规定，不去网吧，特别是地下网吧。

94. 要善于网上学习，不浏览不良信息。

95. 要诚实友好交流，不侮辱欺诈他人。

96. 要增强自护意识，不随意约会网友。

97. 要维护网络安全，不破坏网络秩序。

98. 要有益身心健康，不沉溺虚拟时空。

99. 上网时间不能太长，在网上，不要给出确定身份的信息，包括家庭地址、学校名称、家庭电话号码、密码、父母身份、家庭经济状况等信息。

100. 人人争做网络道德的模范、网络文明的使者、网络安全的卫士。

第四章　衣之有型

学习目标

1. 掌握衣物洗涤的方法与技巧。
2. 了解衣物熨烫的步骤与注意事项。
3. 掌握衣物收纳与修补的技巧。
4. 了解服装搭配的注意事项。
5. 掌握各种鞋子的清洗及保养方法。

案例导入

落针成画　大胆创新

在苏州镇湖绣品街上，有大大小小几百家绣庄，国家级非物质文化遗产项目苏绣传承人、首届中国刺绣艺术大师、沈寿“仿真绣”第四代传承人——姚惠芬的刺绣艺术馆正坐落于此，艺术馆中展示了许多姚惠芬的苏绣精品作品（见图 4-1）。

远观这些苏绣作品，更像是一幅幅精美的画作，很难看出它们是被一针一线绣出来的，但走近欣赏就会发现作品上细密的针脚。

苏绣大师姚惠芬（见图 4-2）出生于苏州刺绣世家，自幼学习刺绣技艺。她先后师从沈寿“仿真绣”第三代传人牟志红及中国工艺美术大师任嘒娴。

“我不想像我的上一辈绣娘一样，为了绣而绣。我不想重复自己，我一定要绣一

图 4-1　姚惠芬艺术馆刺绣展品

图 4-2　姚惠芬，国家级非物质文化遗产项目苏绣传承人

些不同的东西。”

虽然已经从事了四十多年的刺绣工作，姚惠芬仍然坚持不墨守成规，不断进行创作与创新。2007 年，姚惠芬将传统刺绣的针法技艺与西方素描的技法融合，发明了一种全新的刺绣技法——“简针绣”，它是一种适合表现素描人物肖像的新刺绣方法，以少、素、精的针脚和线条，体现简洁纯粹的美感。

2017 年，苏绣第一次进入威尼斯双年展，姚惠芬和妹妹姚惠琴一道，接受了一次很大的挑战。她们同中国当代艺术家合作，为威尼斯双年展中国馆创作了 34 幅苏绣作品。其中，难度最大、最引人注目的，是以宋朝名画为刺绣蓝本的《骷髅幻戏图》，这幅作品运用了五十多种针法来表现，是苏绣工艺的一次创新实践。

作为非遗传承人，姚惠芬很重视苏绣的传承与人才培养，她和苏州几所大学合作开设了刺绣兴趣班，并定期免费去教大学生刺绣技艺。

资料来源：人民网，2019-02-12.

第一节 衣物洗涤

一、洗衣要分类

洗衣服时，不仅要按颜色分类，还要看衣服的材质、种类。衣物按颜色可分为纯白色、浅色、深色（黑、蓝、褐等）、艳色（红、黄、橙等）四类，这四类衣物尽量分开清洗。材质方面，一定要将毛绒多的衣物（毛巾、毛衣、灯芯绒衣物等）和容易起球的衣服分开洗，避免把衣服洗坏。贴身衣物，如内裤、秋衣裤等，要单独洗涤。

知识链接

内衣清洗小贴士

手洗更健康

洗衣机的内壁和滚筒里藏有许多污垢和细菌，内衣在机洗过程中，容易受到污染。而且内衣一般相对较小，手洗会洗得更加干净、彻底。

肥皂更安全

肥皂具有良好的杀菌去污效果，且不伤皮肤，是手洗内衣的首选。如果有条件，我们还可以选购超市中专门用于清洗内衣的内衣皂，这种肥皂的抑菌效果更好，性质更温和。

禁用消毒液

消毒液虽然具有很强的杀菌消毒能力，但对皮肤的损害很大，在清洗贴身衣物时，应避免使用消毒液。

二、水温应合适

通常来说，水的温度越高，去污效果越好。但要注意，并不是所有衣服都适合用热水洗，我们洗衣服的时候要先检查衣服上面的标签，根据标签上的要求洗涤。

三、先放洗衣液，后放衣物

洗衣服时，应先放水和洗衣液，并进行搅动，待洗衣液充分溶解后再放入衣物。这样洗衣服，不仅能让洗衣液更好地发挥作用，还能避免衣物上留下洗衣液的印记。

四、洗衣液的用量应适度

在使用洗衣液前，应先阅读洗衣液的使用说明，明确洗衣液与水的比例。洗衣液的用量过少，将无法达到去污效果；洗衣液的用量过高，不但会浪费资源，还会产生残留。一般来说，洗衣液的用量稍低于说明书的推荐值即可。

五、洗衣机不能塞太满

有人喜欢凑一堆脏衣服，把洗衣机填满再洗，以为可以省水省电，殊不知，这样不但容易洗不干净，还会缩短洗衣机的使用寿命。衣物最多只能占洗衣机滚筒体积的 2/3。

第二节　衣物熨烫

一、熨烫工具

我们日常生活中使用的熨烫工具主要有电熨斗和挂烫机。下面我们来了解一下它们各自的特点。

1. 电熨斗

电熨斗是使衣服和布料平整的工具，功率一般在 300～1 000W。它的类型有普通型、调温型、蒸汽喷雾型等。普通型电熨斗结构简单，价格便宜，制造和维修方便。调温型电熨斗能够在 60～250℃范围内自动调节温度，能自动切断电源，可以根据不同的衣料采用适合的温度来熨烫，比普通型省电。蒸汽喷雾型电熨斗既有调温功能，又能产生蒸汽，有的还装配上喷雾装置，免除了人工喷水的麻烦，衣料润湿更均匀，熨烫效果更好。电熨斗的工作原理在于压烫。无论是为衬衫压出挺括的领子与袖口、为百褶裙压出分明的褶皱，还是为裤子压出平直的裤线，电熨斗都能做到，但使用起来需要掌握一定的技巧。

2. 挂烫机

挂烫机也叫挂式熨斗、立式熨斗，就是能挂着熨衣服和布料的机器。挂烫机分为手持式挂烫机、普通蒸汽挂烫机、压力型蒸汽挂烫机。挂烫机通过内部产生的灼热水蒸气不断接触衣服和布料，达到软化衣服和布料纤维组织的目的，操作者可通过“拉”“压”“喷”的动作整理衣服和布料，使衣服和布料平整如新。挂烫机与电熨斗相比使用起来更方便简单。它的水箱容纳量较大，可以长时间工作，方便连续熨烫多件衣物，但熨烫效果没有电熨斗好，适合对熨烫要求不是很严格的衣服。

二、熨烫温度

不同布料对熨烫温度的要求不一样。在熨烫之前一定要清楚衣物的材质特性，要根据衣物的材质对熨斗的温度进行调节、控制。常见材质衣物的熨烫温度见表4-1。

表4-1　常见材质衣物的熨烫温度

衣物材质	熨烫温度（大约）
毛织物（薄呢）	120℃
毛织物（厚呢）	200℃
棉织物	160～180℃
丝织物	120℃
涤纶织物	130℃
锦纶织物	100℃
涤棉或涤粘混纺织物	150℃
涤毛混纺织物	150℃
涤腈混纺织物	140℃
化纤仿丝绸	130℃
维棉混纺织物	100℃（宜干烫）

此外，在熨烫衣物前，我们要仔细查看衣物上是否有水洗标，水洗标上面会清楚地标示对温度的要求。当我们判断不好使用何种温度来熨烫时，看衣物水洗标是最好的办法。

三、熨烫顺序

在日常熨烫衣服时，我们一般遵循“先烫反面，再烫正面；先烫局部，再烫整体”的原则。以下是日常服装的一般熨烫顺序：

上装：分缝—贴边—门襟—口袋—后身—前身—肩袖—衣领。

裤装：腰部—裤缝—裤脚—裤身。

衬衫：分缝—袖子—领子—后身—小裥—门襟—前肩。

在实际熨烫过程中，我们也可以根据衣服的具体情况适当调整顺序。此外，当一次要熨烫多件衣服，而且需要设置不同的温度时，我们要先设置所需温度低的衣服的温度，然后逐渐提高温度。

四、熨烫注意事项

(1) 要烫熨的衣物必须先洗干净，否则衣物上的污点熨烫后会更明显。未洗净或未烫干的衣服，存放久了会有霉点，用醋水洗净后再熨烫，霉点即可消除。

(2) 毛料衣服有收缩性，熨烫毛料衣服时应在反面垫上湿布再熨烫。

(3) 针织衣物易变形，不宜重重地压着熨烫，只要轻轻按着即可。

(4) 熨烫皮革服装时温度不可过高，且须用棉布垫上，然后不停地来回均匀移动熨斗。

五、熨烫步骤

1. 使用蒸汽电熨斗熨烫衣服的具体步骤

步骤一：准备蒸汽熨斗一个、熨案一个。

步骤二：查看衣服材质，并检查衣服的水洗标，以便根据材质和水洗标上的说明来设置相应温度。

步骤三：向熨斗中注水。蒸汽熨斗有蓄水槽，向蓄水槽中注入蒸馏水或者瓶装水，以防矿物质在熨斗和衣服上聚积。

步骤四：正确设置温度。接通电源，设置到合适温度后，让熨斗保持直立状态，等待加热。当熨斗开始加热时，指示灯亮，当达到工作温度时，指示灯灭，即可开始熨烫。

步骤五：熨烫。将要熨烫的衣服整理平整放在熨案上，按照“先烫反面，再烫正面；先烫局部，再烫整体”的原则进行熨烫，具体顺序可参照前面介绍的“熨烫顺序”。

步骤六：将衣服挂起。熨烫完后，要用衣架将衣服挂在通风处。因为衣服在冷却过程中很容易产生褶皱，并且蒸汽熨斗喷出的水蒸气会使衣服潮湿，所以必须晾干以后才能放入衣柜收纳。

步骤七：电熨斗使用完毕拔掉电源后，竖直放置，待冷却之后再收起存放。要记得将余水倒净，不然遗留下来的水会从底板流出，时间久了底板会受到侵蚀。

知识链接

使用电熨斗安全提示：

(1) 电熨斗耗电量大，应避免与其他电器使用同一插座。

(2) 放置电熨斗的台面须平稳，中途离开时，应将电熨斗竖起，拔下插头。

(3) 若化学纤维熔化粘在电熨斗底板上，用软布蘸牙膏小心擦拭，即可除去，千万不要用利器去刮除。

2. 使用挂烫机熨烫衣服的具体步骤

步骤一：取出挂烫机，将支架和导气管安装好，并往水箱里灌入普通饮用水，挂烫机对水的要求不高，具体水量请参照挂烫机使用说明书。

步骤二：把要熨烫的衣服用衣架挂好，将衣架放在挂烫机的支架上。查看衣服材质，并检查衣服的水洗标，以便根据材质和水洗标上的说明来设置相应温度。

步骤三：插上电源，设置相应温度。在等待加热的时间里，查看衣服哪里褶皱严重需要重点熨烫，也可以戴上手套，初学者不熟练戴手套更安全。当喷气口开始喷气时，即可开始熨烫衣服。

步骤四：熨烫。使用挂烫机时，我们可以灵活掌握熨烫顺序，一般原则是先熨烫褶皱严重的部分，后熨烫其他部分。对准褶皱严重部分从上向下慢慢捋着熨烫，可以反复熨烫几次，直到平整为止，其他部分熨烫一次即可。

步骤五：挂烫机刚熨烫过的衣服也是潮湿的，必须拿到通风处晾干才能收纳。

步骤六：挂烫机使用完毕拔掉电源后，喷头的部分应小心放置，一般挂在支架上，待冷却之后，将水箱内剩余的水倒出（不要使用完毕马上将水倒出，因为此时水箱内的水温度很高，容易烫伤），然后将支架拆卸完毕后收起存放。

知识链接

使用挂烫机安全提示：

(1) 清洁、移动或长时间不使用时，要关闭电源、拔掉插头。

(2) 在使用过程中要注意水箱内的水不能太少，太少了应及时加水，加水时应先切断电源。

(3) 不要往水箱注入热水，否则会影响水箱寿命。

(4) 导气管和主机、喷头的接口一定要拧紧，以免导气管在晃动过程中脱离主机或喷头，造成危险。

六、不同材质衣物的熨烫方法

1. 棉麻衣物的熨烫方法

(1) 动作敏捷，但不能过快；

(2) 往返不宜过多；

(3) 用力不宜过猛；

(4) 熨烫浅色棉麻织品时应保持匀速，以免衣料发黄。

2. 丝质衣物的熨烫方法

(1) 垫布熨烫，或熨烫衣物反面；

(2) 熨烫时熨烫机要不断移动位置，不能在一个地方停留时间过久，以免产生烙印水渍，影响衣物的美观。

3. 皮衣的熨烫方法

(1) 垫干燥的薄棉布进行熨烫；

(2) 熨烫时用力要轻，以防烫损皮革。

4. 毛织衣物的熨烫方法

(1) 先将湿布盖在布料上，再熨烫；

(2) 熨烫时，熨烫机应平稳地在衣服上移动，不宜移动过快。

5. 合成纤维衣物的熨烫方法

合成纤维种类繁多，不同的合成纤维衣物的耐热程度也各不相同。初次熨烫前可先找衣物里面不明显的部位试熨，在掌握了适合的熨烫温度后再进行大面积熨烫。

第三节　衣物收纳与修补

你有没有家里衣柜小，衣服装不下，打开柜门衣服掉一地的时候？有没有出门去旅行，行李箱里乱糟糟，找件衣服要翻遍行李箱的时候？有没有衣服叠好没几天就翻乱了，还要重新去叠的时候？如果有，说明你叠衣服的方法不对。今天我们来学习一些叠衣服的小技巧，可以让衣柜容量瞬间增大，行李箱里的衣服一目了然，找衣服再也不用乱翻。

一、衣物收纳

1. 叠衣服的方法

(1) 方块法。这是最传统的一种叠衣服的方法，刚买来没有拆包装的衣服一般都是这种叠法。整个衣服被叠成一个大方块，然后我们可以把大小相近的衣服平着摞起来放入衣柜。方块法的步骤如图 4－3 所示。

这种叠法适合居家整理衣物，它的好处是叠好的衣服整齐，大小一致，放在衣柜里一目了然，找衣服方便。但是它的缺点也不少：一是叠衣服的方法比较难掌握，学起来比较麻烦；二是在找到衣服往外拿的时候，容易散，而且容易把衣服翻乱，几天就得收拾一次

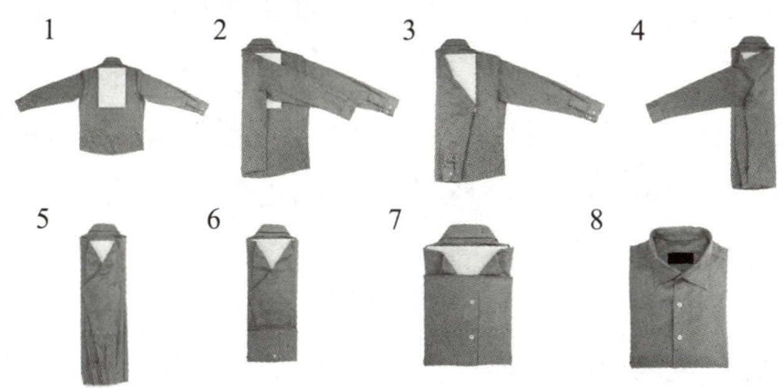

图 4-3　方块法的步骤

衣柜；三是衣服多次被对折，而且大量衣服叠放，会压出很多折痕和褶皱，每次拿出衣服还要对衣服进行熨烫，不适合出门旅行的时候用。

（2）卷叠法。这是近几年开始流行的一种叠法，就是在叠衣服的时候，先把衣服整理成长方形，然后从衣服的一头向另一头卷起，将衣服卷成一个直筒，如图 4-4 所示。这种叠法叠完后可以把衣服放在衣柜抽屉里，更适合出门旅行的时候放在行李箱里。

图 4-4　卷叠法叠好的衣服

卷叠法的好处相比方块法有以下几点：一是叠法好操作，男女老少都容易上手；二是占用空间较小，出去旅游的时候把衣服用卷叠法叠好就不会占据行李箱太大空间，能比别的叠法装更多东西；三是衣服不会变皱，因为衣服卷着，没有被对折，不会出现折痕。当然卷叠法也有它的缺点：一是叠好的衣服因为是圆筒状的，所以单独放置的时候容易滚动、散开；二是衣服叠好后体积很小，有的时候同色不同款式的衣服很难区分，找衣服的时候会相对麻烦一点。

（3）口袋法。这种叠法是日本的近藤麻理惠首创的叠衣法。就是在叠衣服的时候利用衣服自身的开口，制造出“塞进口袋”的整齐效果，从而起到加固作用，衣服不会散架。口袋法其实是卷叠法和方块法的改进版，也就是既可以先把衣服叠成方块再装进“口袋”，也可以先把衣服卷起来再装进“口袋”。所以它可以兼具两种叠法的优势，又可以克服两种叠法的缺点。

口袋法的好处是衣服叠好以后既可以平放进衣柜或行李箱，也可以竖放进抽屉或行李箱，而且因为衣服其余部分被装进了“口袋”，所以在翻动衣服的时候不易被弄散，使衣柜或行李箱更整齐，降低收拾衣柜的频率。

2. 常用衣物的口袋式叠法

下面我们就来学习一些常用衣物的口袋式叠法。

(1) T恤衫的叠法。

1) 方块口袋法（步骤见图 4-5）。

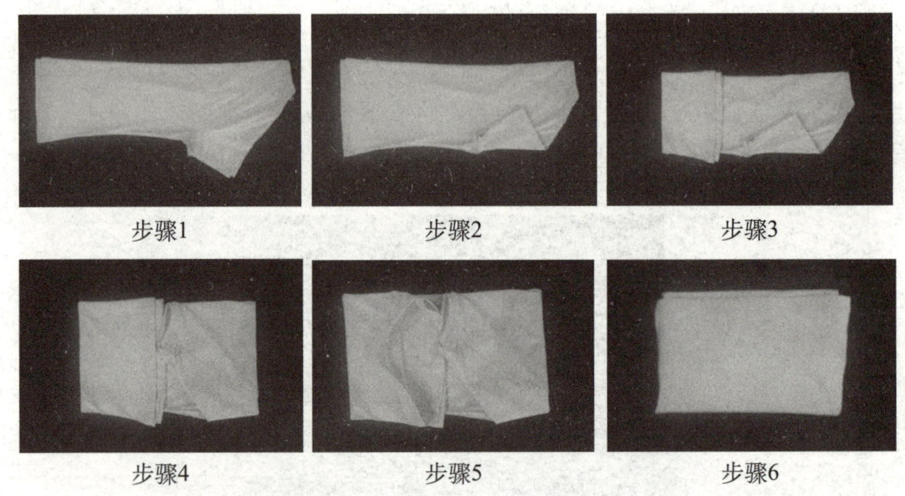

图 4-5　方块口袋法叠 T 恤衫的步骤

步骤 1：将 T 恤衫正面朝上，铺平，用力将褶皱抹平，然后将 T 恤衫沿中线对折。

步骤 2：将袖子向内折叠，使衣物呈长方形。

步骤 3：将衣服下摆处向上折 1/4。

步骤 4：将衣服领口部分向下对折。

步骤 5：然后将衣服领口部分塞入下摆内。

步骤 6：整理成“豆腐块”形状。

除了 T 恤衫可以这样叠以外，各种裙子也可以参考此方法进行折叠。

2) 卷叠口袋法（步骤见图 4-6）。

步骤 1：将衣服正面朝上，铺平，抹平褶皱，然后将衣服下摆由内向外翻折大约 10 厘米（如果衣服比较厚，这个尺寸可以再大一些）。这一步很重要，翻起的部分就是装衣服其余部分的“口袋”。

步骤 2：将衣服侧面向内折 1/3，将袖子整理平整，如果袖子较长，可以向下翻折。

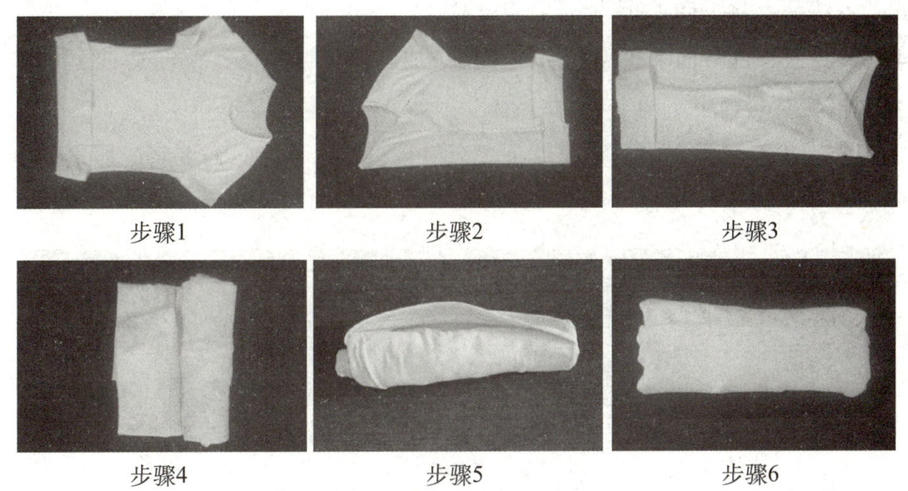

图 4-6　卷叠口袋法叠 T 恤衫的步骤

步骤 3：将衣服另一侧向内对折，将袖子多余部分向下折叠，然后将褶皱抚平。

步骤 4：将衣服由衣领一侧一点点向上卷起，卷成直筒状，卷得越紧实越好。

步骤 5：将下摆向上翻折的部分向外翻起，包住衣物其余部分。

步骤 6：将褶皱整理平整，衣服就叠好了。

（2）毛衣的叠法。

口袋法叠毛衣的步骤如图 4-7 所示。

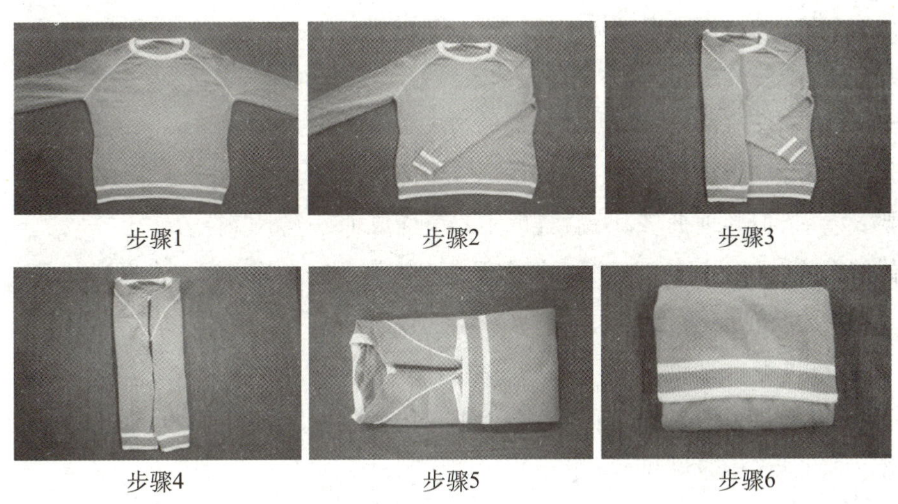

图 4-7　口袋法叠毛衣的步骤

步骤 1：将毛衣正面朝上铺平，用力将褶皱抹平。

步骤 2：将一只衣袖向内折叠，抚平褶皱，另一只袖子也如此操作。

步骤 3：将毛衣左半部分向右折叠 1/4。

步骤 4：将毛衣右半部向左折叠 1/4，折成长方形。

步骤 5：将毛衣从下向上折 1/3。

步骤 6：将衣领部分向下折叠，塞入下摆形成的“口袋”里，整理成“豆腐块”即可。

(3) 连帽卫衣的叠法。

连帽卫衣因为有帽子，帽子本身就是一个口袋，所以我们只需要将衣服的其余部分叠好塞在帽子里就可以了（步骤见图 4－8）。

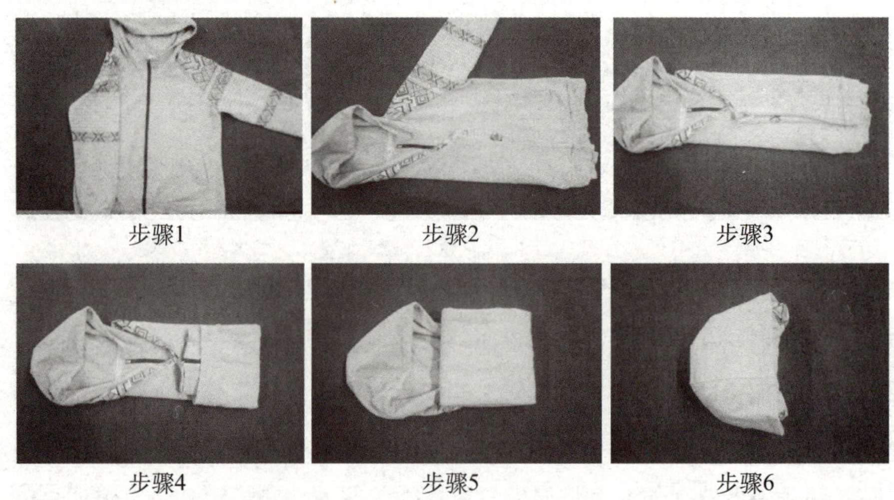

图 4－8　口袋法叠连帽卫衣的步骤

步骤 1：将卫衣正面朝上铺平，抚平褶皱，然后将一侧衣袖向内翻折。

步骤 2：将衣服一侧向内翻折，宽度与衣袖相同。

步骤 3：重复步骤 1、2 将另一侧衣袖叠好。

步骤 4：将衣服底部向上折叠，长度约为衣服整体的 1/4。

步骤 5：继续向上折叠，并将叠好的部分全部塞到帽子里。

步骤 6：将衣服整理平整，一件连帽卫衣就变成了一个小口袋了。

其他带帽的衣服，例如羽绒服、带帽子的夹克衫、风衣等也可以参考这种方法来叠。

(4) 长裤的叠法。

1) 方块口袋法（步骤见图 4－9）。

步骤 1：将长裤正面朝上，平铺在台面上，抚平褶皱。

步骤 2：沿裤子中线将两个裤腿对折。

步骤 3：将裤腰向下翻折，长度大约为裤长的 1/4。

步骤 4：将臀部多余部分向内折。

步骤 5：将裤腿向上翻折，长度大约也为裤长的 1/4，然后再对折。

步骤 6：将叠好的裤腿塞到裤腰叠成的“口袋里”，并整理平整，这样一个方方正正的“豆腐块”就叠好了。

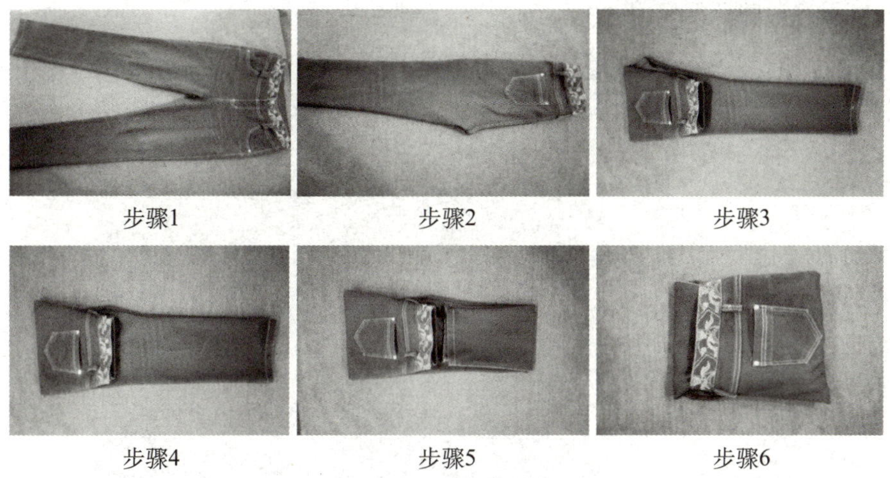

图 4-9　方块口袋法叠长裤的步骤

2）卷叠口袋法（步骤见图 4-10）。

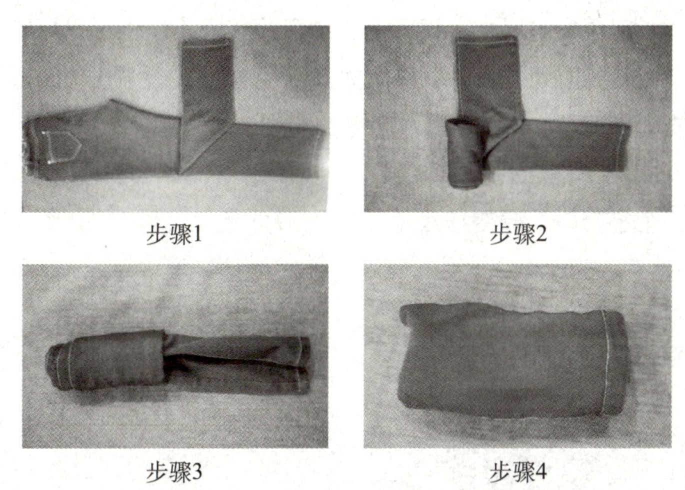

图 4-10　卷叠口袋法叠长裤的步骤

步骤 1：沿裤子中线将两个裤腿对折，将其中一条裤腿由中间向裤子外侧沿 45°角方向折叠，使其与另一条裤腿呈 90°角。

步骤 2：从裤腰开始向下卷。

步骤 3：一直卷到头，卷得越紧实越好。

步骤 4：把留在外面的裤腿由内向外翻折，包住裤子其余部分，这样一个裤子卷就叠好了。

把所有的衣服都叠成小方块或者卷成直筒以后，我们只需要把它们竖放在抽屉里或者收纳盒里（如图 4-11 所示），然后再放到衣柜里，就可以使我们的衣柜整齐又美观，最重要的是一目了然，找衣服再也不用乱翻了。衣柜可以长时间保持整齐的状态，不用频繁地收拾，既节省时间又节约精力。

图 4-11　将衣服竖放在抽屉里

当然，有一些爱起褶的衣服或者正当季的常穿的衣服我们也可以用衣架把它们直接挂在衣柜的挂衣区。但是长时间挂着的衣服，尤其是毛衣、大衣等比较轻柔或比较厚重的衣服肩膀处容易被衣架支起两个“大包”，这样不仅影响美观，而且每次穿之前都要用熨斗熨很久。

下面教大家一个小窍门，改变挂法来让衣服不再起“大包”，操作步骤如图 4-12 所示（以毛衣为例）。

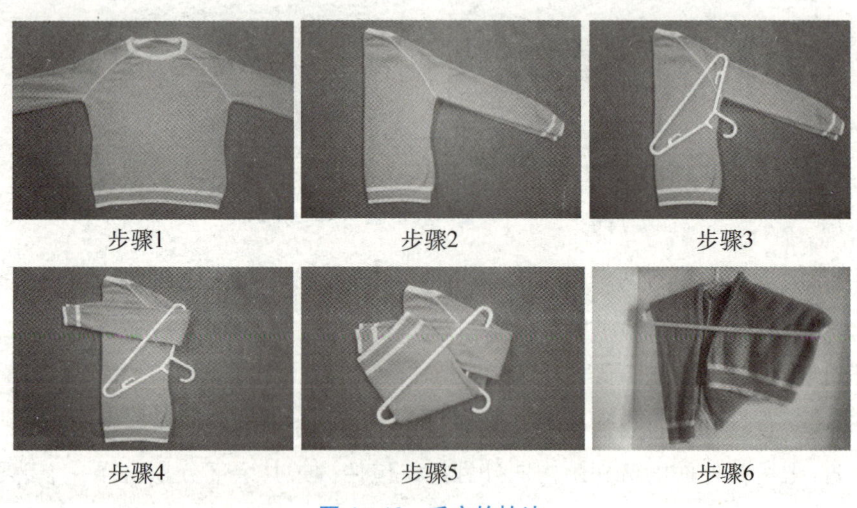

图 4-12　毛衣的挂法

步骤 1：把需要挂起来的毛衣先摆放整齐。

步骤 2：将毛衣沿中线把左侧与右侧对折，使衣袖重合在一块。

步骤 3：把衣架两端放在衣服肩膀和衣服中间位置处。

步骤 4：将衣服袖子从衣架上方穿过来。

步骤 5：然后再把衣服的下部分也从衣架上方穿过来。

步骤 6：挂好衣架，毛衣就不会变形，肩部也不会起“大包”了。

二、衣物修补

1. 针法

做好针线活的前提是要学会常用的针法。缝制衣物常用的针法有平针法、锁边缝、藏针法、包边缝、扣眼缝、缩缝法等。

（1）平针法（见图 4－13）。平针法是最基础的针法，也是最常用的针法。这种针法主要用于拼接布料和缝制布料的轮廓。缝制时要注意针脚间隔均匀，间隔一般为 3 毫米左右，也可根据实际情况调整。

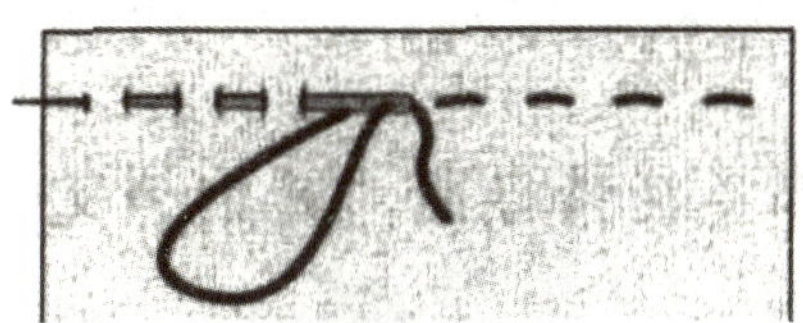

图 4－13　平针法

（2）锁边缝（见图 4－14）。锁边缝一般用于缝制织物的毛边，以防织物的毛边散开。

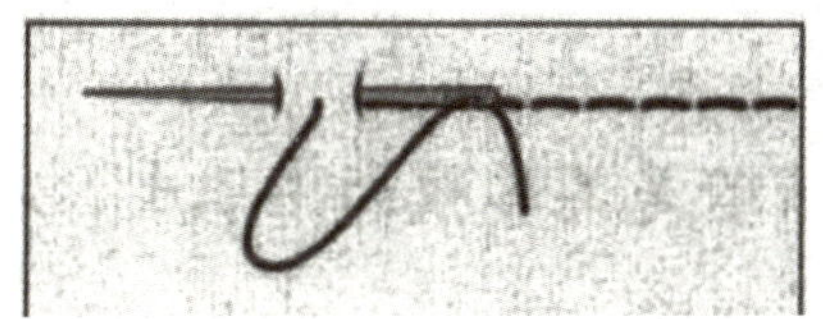

图 4－14　锁边缝

（3）藏针法（见图 4－15）。藏针法一般用于两块布料的缝合。这是一种很实用的针法，能够有效隐匿线迹，常用于衣服上不易在反面缝合的区域。

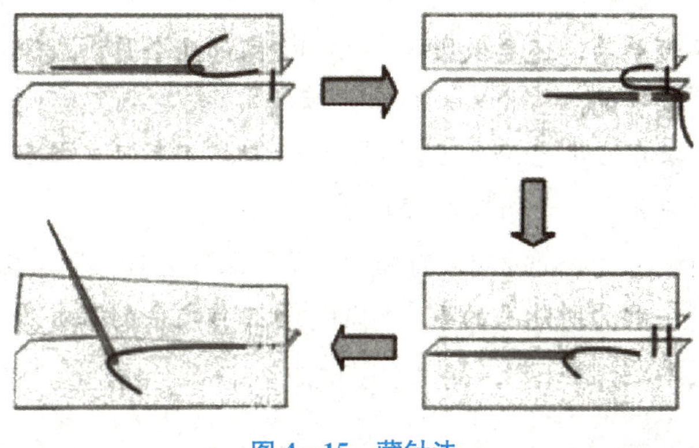

图 4－15　藏针法

(4) 包边缝、扣眼缝（见图 4－16、图 4－17）。包边缝、扣眼缝与锁边缝的用途相同，但前两者的装饰性和实用性更强。

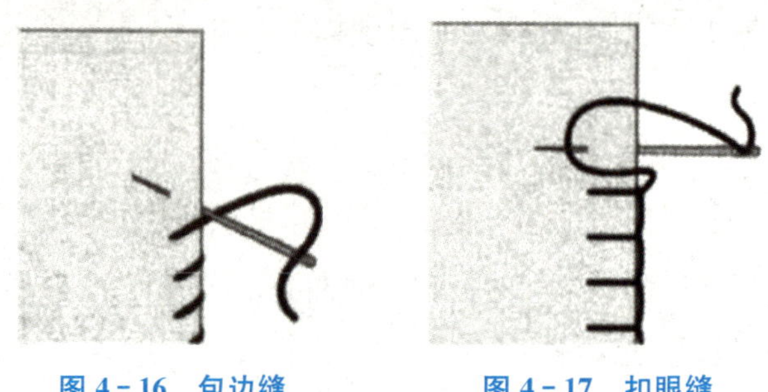

图 4－16　包边缝　　　　图 4－17　扣眼缝

(5) 缩缝法（见图 4－18）。缩缝法可以在缝制过程中拉出松紧度，一般用于缝制缩口。

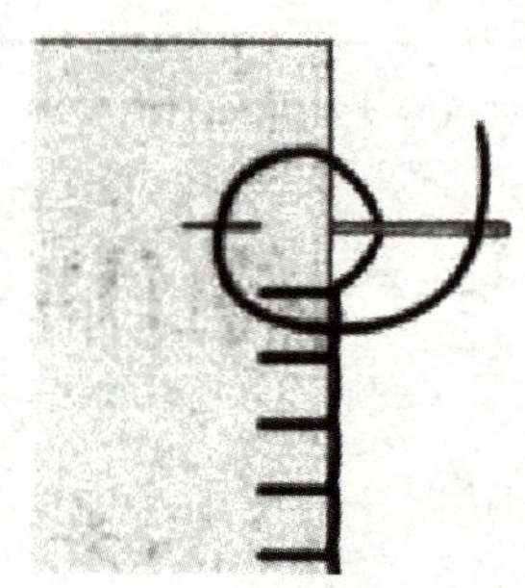

图 4－18　缩缝法

2. 不同的修补方法

心爱的衣服破了个洞，扔了又舍不得，该怎么办呢？下面我们就来学习一下怎么修补有破洞的衣服。

(1) 牛仔裤的修补法。如果破洞的衣服是牛仔裤，那么不但不用管原有的破洞，反而可以在其他地方多弄几个破洞，把牛仔裤变得更时尚。如图 4－19 所示。

(2) 裙子、短裤的修补法。如果是裙子、短裤有破洞，那么可以在破洞的位置上缝上一朵小花。这样既能掩盖破洞，还能把裙子、短裤改出小清新的感觉。如图 4－20 所示。

(3) 衣服破的洞比较大的修补法。如果衣服破的洞比较大，根本不是一朵花能解决的，那可以直接找一块其他颜色的布打个补丁上去，如果一个补丁太突兀，那就在其他地方多打几个，使衣服更有个性。如图 4－21 所示。

(4) 蝴蝶结修补法。女孩子的衣服有破洞，除了小花之外，还可以直接扣一个蝴蝶结上去，既个性又方便，而且随时可以拆下来换成其他样式的蝴蝶结。如图 4－22 所示。

(5) 磨损修补法。磨损修补法一般应用于袖口、裤腿磨出毛边的部位。如图 4－23 所示。

图 4－19　牛仔裤的修补法

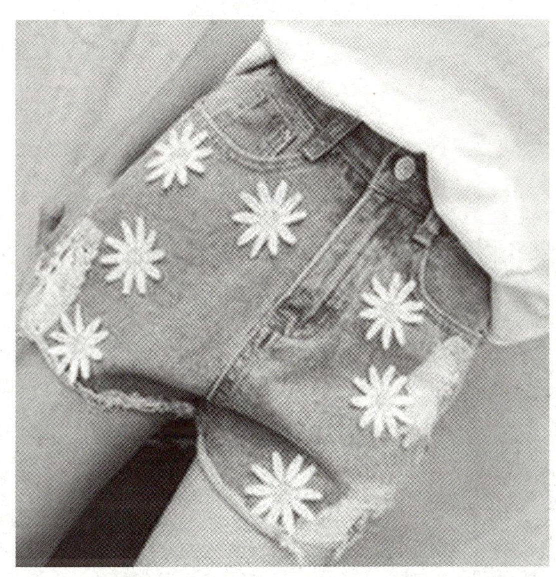

图 4－20　短裤修补法

图 4 - 21　衣服破的洞比较大的修补法

图 4 - 22　蝴蝶结修补法

图 4 - 23　磨损修补法

第四节　服装搭配

古今中外，着装都是一种社会文化，体现着个人的文化修养和审美情趣。服饰是一门艺术，服饰所能传达的情感与意蕴有时是不能够用语言来代替的。在生活中，穿着得体会让人显得大方、端庄、有气质、有涵养，不仅能增强自信，让自己身心愉悦，也能给他人带来一份自然和舒适。而在社交场合，得体的服饰还是一种礼貌，直接影响着人际关系的和谐。它是无声的语言，是人的第二张面孔，所以掌握一些基本的着装常识和着装原则显得尤为重要。今天我们就来学习一些服装搭配方面的技巧。

在不同场合，穿着得体、适度，会给别人留下良好的印象，而穿着不当，则会损害自身的形象。所以在进行服装搭配时，不仅要注意服装整体搭配的协调，还要考虑所处的季节、所在的场合和身份、年龄等因素，这样才能让着装显得自然、得体、有品位，从而达到提升个人气质的良好效果。

一、服装整体搭配的和谐

1. 色彩的搭配

（1）协调色搭配法。

1）同类色彩搭配。同类色彩搭配指深浅、明暗不同的两种同一类的颜色相搭配，同类色搭配的服装显得柔和文雅。如：青配天蓝，墨绿配浅绿，咖啡配米色，深红配浅红等。

2）邻近色搭配。邻近色搭配指两个比较接近的颜色相搭配，这种搭配会使整体色彩在和谐中带有一份跳脱的感觉。如：红色与橙红或紫红相配，黄色与草绿色或橙黄色相配，黑色与蓝色相配等。

（2）对比色搭配法。

1）强烈色搭配。强烈色搭配指两个相隔较远的颜色相配。如：黄色与紫色相配，红色与青绿色相配等。这种配色对比比较强烈，会让人显得更加明快、活泼。但要注意色彩面积的比例、色彩的纯度，这样搭配才会和谐。

2）补色的搭配。补色的搭配指两个相对颜色的搭合。如：红与绿相配，青与橙相配，黑与白相配等。补色相配能形成鲜明的对比，有时会收到较好的效果，如黑白搭配是永远的经典。

在日常生活中我们会发现，当一个人穿上深色衣服时，在视觉效果上会给人收缩感，显得稍瘦；穿上浅色衣服时，会给人扩张感，显得稍胖。所以在搭配衣服的颜色时还应该根据个人的体形特点来选择。

(3) 有图案衣服的搭配法。

有图案的衣服，在搭配另一件衣服时一定要选用单色，并且色彩要尽量选择花色衣服中的色彩之一。另外，如果是上下装搭配，一定要注意其深浅，若上身色浅，则下身应该深，若上身色深，下身宜浅。

总体来看，服装色彩搭配应掌握以下几个原则：

(1) 上深下浅：端庄、大方、恬静、严肃。

(2) 上浅下深：明快、活泼、开朗、自信。

(3) 突出上衣时：裤装颜色要比上衣稍深。

(4) 突出裤装时：上衣颜色要比裤装稍深。

(5) 上衣有横向花纹时，裤装不能穿竖条纹或格子的。

(6) 上衣有竖向花纹时，裤装应避开横条纹或格子的。

(7) 上衣有杂色时，裤装应穿纯色。

(8) 裤装有杂色时，上衣应避开杂色。

(9) 上衣花形较大或复杂时，应穿纯色裤装。

2. 款式的搭配

(1) 长短搭配。在选择服装款式时，我们要根据自己体形的优缺点，选择适合自己身材的服装。

1) 上长下短。能够在视觉上形成错觉，让人显得苗条高挑。特别是对于上身丰满、腿部较细的人来说，可以掩盖缺点，突出优点。如图 4-24 (A) 所示。

2) 上短下长。能够突出下身的修长，起到腿部拉长的视觉效果。对身材上长下短的人来说，这样的搭配能够起到一定的修正作用。而且不论高矮，选择高腰裤子或者裙子都能从视觉上拉长下身的长度，显得整个人身材修长。如图 4-24 (B) 所示。

(A) 上长下短　(B) 上短下长

图 4-24　长短搭配

(2) 松紧搭配。在选择衣服款式时，我们还要注意服装松紧的搭配。如果选择宽松的上衣，那么就要选择修身款的裤子作为下装，这样整个人会显得更加活泼、有精神。如图4－25 (A) 所示。如果选择修身上衣，就要搭配高腰的宽松大摆裙或者阔腿裤，这样的搭配会使整个人显得稳重、有气质。如图4－25 (B) 所示。

(A)上松下紧　　(B)上紧下松

图4－25　松紧搭配

二、着装要与季节相协调

不同季节要搭配不同的服装，四季着装讲究颜色的搭配。服装的颜色通常可分为三类：红色、黄色、橙色及其相近的色彩为暖色，暖色调给人以温暖的感觉；青色、蓝色是冷色，冷色调给人以寒冷的感觉；绿色、紫色是中间色。

1. 春天

春天要穿明快的色彩，如黄色、粉红色、豆绿色或浅绿色等。

2. 夏天

夏天适合以素色为基调，给人以凉爽感，如蓝色、浅灰色、白色、玉色等。

3. 秋天

秋天宜穿中性色彩，如金黄色、翠绿色、米色等。

4. 冬天

冬天多穿深沉的色彩，如黑色、藏青色、古铜色、深灰色。

三、着装要与身份、年龄相协调

着装还应该与自己的年龄、身份和谐统一。年长者或身份地位高者，服装款式不宜太新潮，应选择款式简单但面料质地较好的服装，这样才与年龄、身份相吻合。青少年着装则应该着重体现青春阳光的气息，以朴素、整洁为宜，清新、活泼最好，“青春自有三分俏”，青春是最好的“气质”。如果一味地模仿流行时尚、追求服饰的新潮，则会显得不伦不类，反而会破坏我们本该有的青春朝气，得不偿失。

时代的发展使服装有了丰富的变化，面对各式各样的服装，同学们应该正确地认识服饰美，运用我们所学的服装搭配知识合理着装，通过和谐的服饰和整洁的仪表，充分展现我们身上特有的青春之美，为我们美好的青春年华增添一抹绚丽的色彩。

第五节　鞋子清洗及保养

鞋子有着悠久的发展史，在 5 000 多年前的仰韶文化时期，就出现了兽皮缝制的最原始的鞋。最初，鞋子就是人们保护脚不受伤的一种工具，这也是其最基本的功能。如今，各种样式功能的鞋子随处可见。鞋子的分类方法有很多种：按穿用对象分，有男鞋、女鞋、童鞋等；按季节分，有单鞋、棉鞋、凉鞋等；按材料分，有皮鞋、布鞋、胶鞋、塑料鞋等。为了保持鞋的美观与整洁，下面介绍几种常见鞋子的清洗保养方法。

一、皮制鞋的清洁保养

1. 特殊皮制鞋的清洁保养

（1）磨砂皮、猄皮、棕色皮切忌湿水及擦鞋油，应用鞋刷或白色橡皮胶轻轻擦去污渍。染色皮褪色属正常现象，应避免穿浅色袜子。

（2）丝绒质料应避免湿水及擦鞋油，可用柔软的鞋刷清洁。

（3）漆皮鞋、开边皮鞋不可用鞋刷或鞋油清洁保养，只能用干燥柔软的布轻擦除污。

（4）真皮鞋面的鞋子应除去灰尘后打鞋油以保证皮革柔韧性，白色软性牛皮用白色液体鞋油，不宜使用膏状鞋油，有色牛皮可用与皮色一致的膏状或液体鞋油。

（5）人造皮革类的鞋子可用清水擦洗，清洗后将鞋面擦干。

注意：

（1）不要将鞋与酸、碱等接触。

（2）不可雨浸、水刷、暴晒、火烤。

（3）真皮皮鞋要经常擦皮鞋油，一般至少三四天擦一次。

（4）保持皮面柔和、光亮，存放于干燥处。

（5）穿一段时间要放置一两天再穿，以避免皮鞋变形。

2. 滑面皮革鞋的清洁保养

（1）先用干净的软布蘸少量皮革鞋类清洁剂，清理擦拭鞋面，去除污垢。

（2）用另一块干净软布把适量的皮革护理软膏均匀地涂在鞋面上（只需薄薄地涂上一层，切忌过多，或可用布将过量的软膏擦去），再把皮面擦亮。

（3）如污垢顽固（如油渍），可先将有污迹的部分弄湿，再用软毛刷蘸取皮革鞋类洗洁剂把污迹清除，然后以布或厚纸巾包住，稳定鞋形后自然风干，避免阳光直接照射。

3. 麂皮或起毛皮革鞋的清洁保养

（1）小心地用软毛刷或尼龙毛刷顺着一个方向把粘附在鞋面的污垢清除。必要时可先用毛刷蘸少量麂皮或起毛皮革清洁剂再清理鞋面。

（2）稳定鞋形后自然风干，避免阳光直接照射。

二、运动鞋的清洁保养

（1）将运动鞋的鞋和鞋带分开用中性肥皂/洗衣粉水洗。洗鞋时取出鞋垫，用软毛刷轻轻刷洗，最后再冲洗干净。

（2）将鞋垫脚尖朝下放在通风处晾干。

（3）鞋子晾干时，使用鞋撑会有助于鞋子恢复原形；或者将报纸塞在鞋子里，报纸有一举两得的功效，不仅有助于鞋子恢复原形，而且能迅速吸收鞋子里的水分。

（4）将鞋头朝下、鞋底朝墙，在常温下通风处晾干，这样能防止水浸入中底发泡材料。因为发泡材料不易干，所以建议不要将湿鞋子平放。

（5）鞋子干了之后将报纸取出，再晾一会儿。

（6）过量的太阳直射、用吹风机的热风吹及不当的护理方法都会缩短鞋子的使用寿命。

（7）每天训练的运动员最好准备两双以上的运动鞋，以便天天更换。

（8）鞋子穿着前，最好在通风处放一天，好让鞋子有充分的时间吹干。

（9）为了延长鞋子的使用寿命，尽可能少洗。

（10）跑步鞋上的尼龙网眼布及人造皮相对容易保养，可用水手洗，最好不要用洗衣机洗或用水长时间浸泡。

三、天然纤维或合成纤维人工皮革制运动鞋的清洁保养

（1）先将运动鞋浸湿，用软毛刷蘸取鞋类洗洁剂清洗污垢，过水后用布或厚纸巾包住，稳定鞋形后自然风干，避免阳光直射。

（2）因染了色的天然皮革可能会把颜色移染到纤维上，所以在清洗两者的接缝位置时应特别小心。

拓展阅读一

让孩子学做家务，就像小鸟要学习展翅一样

2020年1月，湖北襄阳一位刘女士在朋友圈招聘保姆照顾自己上大一的女儿，引发网友热议。刘女士称自己平时很忙，没有时间照顾女儿，而女儿虽然上大学了，但是从小没做过家务，所以想找一个保姆照顾她。

其实，一般钟点工的小时工资为20元到50元，算不上奢侈。假设刘女士是给自己家里请保姆，绝不会有人说三道四。那么，刘女士的做法到底哪里不对，才会惹来争议？其实，比较容易引起人们反感的关键词是“大学生”和“从小没做过家务”。

大学生过的是集体生活，属于自己的“一亩三分地”也就是宿舍里的书桌和床，所谓家务活无非就是生活自理罢了。如果这些事都不会做、不愿做，那么自理能力有多低可想而知。

家务劳动和各种学校课程一样，都应当属于从小就要学习的必修课。哈佛大学曾进行过一项历时70多年的“格兰特研究”，探讨一个人成功的因素究竟是什么。结论是，如果我们关心孩子们的职业成功，那么就要为孩子们提供两个基础：爱和家务活。刘女士可能觉得，她的女儿一辈子躺在父母的羽翼下无忧无虑即可，因此忽略了对她自理能力的培养。

家长应该让孩子从小学做家务，就像小鸟学习展翅飞翔一样自然。

拓展阅读二

2018年某职业学校实行了一项“改革”，将管理住校生的“管理员阿姨”，统称为“老师”。这不仅仅是个简单的称谓变化，更是管理理念的升华。该校住管处负责人说：“我们学校的学生学习成绩都不错，但作为学生，要实现全面发展，就必须具有独立生

活能力。学生若会干家务的话，还能体会做父母的不易。”于是该校要求每一位住校生管理员从做好一名生活指导老师的高度开展工作，在管理中注重培养学生的生活自理能力。

开始时，学生中有的不会叠被子，有的乱放东西，有的不按规定作息。对这一切，生活老师不是简单地扣分了事，而是利用学生傍晚洗漱和就寝前的时间，耐心地与学生交流，一遍又一遍地做示范，教学生叠被子、理杂物，同时督促学生按时作息，用反复教育的方法引导学生纠正不良生活习惯。生活老师还带头遵守学校有关规定，学校规定学生不能带冲泡类快餐面进生活区食用，生活教师就首先约束自己，绝不在学校食用快餐面。

第五章 食之有味

学习目标

1. 掌握饮食营养与烹饪的基础知识。
2. 掌握包饺子的方法与步骤。
3. 了解粽子的包制方法。
4. 会做可乐鸡翅等私房菜。

案例导入

舌尖上的非遗：北京烤鸭

北京的前门大街是80多个京城老字号的聚集地，其中就包括著名的北京烤鸭老字号全聚德（见图5-1）和便宜坊（见图5-2）。来北京的游客常听到这样一句话："不到长城非好汉，不吃烤鸭真遗憾。"把烤鸭和长城并列起来，足以说明烤鸭有多美味了。

2008年，北京烤鸭入选第二批国家级非物质文化遗产名录。北京烤鸭主要分为以挂炉烤鸭为代表的全聚德和以焖炉烤鸭为代表的便宜坊两大门派。北京烤鸭在全世界享有盛名，它色泽红润，肉质肥而不腻，外脆里嫩，号称"舌尖上的非遗"。北京烤鸭好吃，离不开烤鸭师傅几代人兢兢业业、精益求精的技艺传承。

全聚德王府井店前行政总厨徐福林（见图5-3）并非出自厨师世家，当年知青

图 5-1　全聚德烤鸭

图 5-2　便宜坊焖炉烤鸭

返城招工，分配他当了厨师。从红案打杂起步，到现在的“国际大厨”，40 多年来，徐福林一直记着老师傅的话：“干一行，就得干好一行，守好这行的规矩。”

图 5-3　全聚德王府井店前行政总厨徐福林

徐师傅用学习 10 年、奋斗 10 年、成就 10 年、辉煌 10 年四个不同的阶段总结了自己在全聚德工作的一生。已经退休的徐师傅说起过去学厨艺的过程，老师傅们对烤鸭技艺的传承和兢兢业业的奉献精神让他记忆犹新，也是他人生中学习的榜样和动力。正是全聚德秉承的“传统不守旧，创新不忘本”的态度和精神，让挂炉烤鸭的技艺一代一代地传承下来。

沿着前门大街由北向南走，在鲜鱼口美食街里还有一家以焖炉烤鸭为代表的老店：便宜坊。周恩来总理题词的“便利人民、宜室宜家”牌匾（见图 5-4）醒目地摆放在大厅里，周恩来赋予便宜坊店名的新定义，也是便宜坊现在的经营理念。

图 5-4　周总理为便宜坊题词

以焖炉烤鸭为代表的老店便宜坊有着 600 多年的历史。2009 年，便宜坊烤鸭总厨师长白永明（见图 5-5）获得国家级非物质文化遗产烤鸭技艺代表性传承人的称号。在 1988 年举办的北京市第一届烤鸭大赛上，刚从业 10 年的白永明一路“过关斩将”，获得烤鸭大赛金奖。

图 5-5　便宜坊焖炉烤鸭传承人白永明

工作40多年后，白师傅回想年轻时的荣誉，认为那时顶多完成了全部技艺的20%左右。几十年来，白永明获得的各类奖项不计其数，他的工作态度却从未改变，他的付出也为便宜坊赢得了一大批“铁杆”食客，有些人不管搬家多远，都要特意来便宜坊品尝烤鸭。时至今日，白永明师傅依然牢记便宜坊集团提出的传承理念，就是“工匠精神”的传承、传播。

如果说全聚德挂炉烤鸭技艺是集体传承，那么便宜坊焖炉烤鸭技艺就是选出传承人传承，两个不同的百年老店，在技艺的传承方法、形式上虽有不同，但是他们的初心却是一致的，那就是把这些舌尖上的非遗技艺传承下去。现在，全聚德和便宜坊都有自己的烤鸭工作室，负责对烤鸭技法的挖掘、保护、传承与创新。

洗尽铅华，历久弥新。正是在一代代北京烤鸭技艺者的坚守下，人们在今天才依然能品尝到这舌尖上的美味。

资料来源：北京旅游，2020-06-27.

第一节　饮食营养与烹饪

一、中国饮食文化

学烹饪，首先要了解我国源远流长的饮食文化。我国地大物博，在饮食上总体呈现出风味多样、讲究美感、食医结合等特点。

1. 风味多样

我国幅员辽阔，物产丰富，各地区由于气候、物产、习俗、生活环境等的不同，发展出了各式各样、具有地方风味和特色的菜系，其中最著名的有川菜、鲁菜、粤菜、闽菜、苏菜、浙菜、湘菜和徽菜八大菜系（见图5-6）。各个菜系在原料选用、烹调技艺、口味等方面特点鲜明。

2. 讲究美感

我国菜系众多、菜品多样，但无论哪种菜系，都追求色、香、味俱全。“色”强调的就是菜品的美感，即菜的色彩、卖相，当食物不再仅仅是饱腹之物时，运用各种食材、配料和烹调方法，调配好一道菜肴的色彩，能够让食物成为赏心悦目的艺术品。

3. 食医结合

我国烹饪讲究食医结合，认为食物与医疗保健有着密切的联系，在几千年前就有“医食同源”“药膳同功”的说法。许多食物原料都具有药用价值，利用这些原料做成的美味

图 5-6 中国八大菜系

佳肴，不仅美味，还能达到防治疾病的目的。例如，绿豆具有清热解暑、止渴利尿的功效，苦瓜具有清热解暑、明目解毒的功效，胡萝卜具有补肝明目、清热解毒的功效，梨具有清热镇静、化痰止咳的功效，等等。

二、饮食营养与健康

烹饪不仅应追求美味，更应该做到营养均衡。均衡的膳食、合理的营养搭配不仅可以保证人体正常生理功能的需要，还可以提高机体的抵抗力和免疫力，有助于预防和控制某些疾病的发生与发展。

根据中国营养学会编制的《中国居民膳食指南（2022）》，一般人群的膳食可遵循以下八项准则：

（1）食物多样，合理搭配。

（2）吃动平衡，健康体重。

（3）多吃蔬果、奶类、全谷、大豆。

（4）适量吃鱼、禽、蛋、瘦肉。

（5）少盐少油，控糖限酒。

（6）规律进餐，足量饮水。

（7）会烹会选，会看标签。

（8）公筷分餐，杜绝浪费。

图 5-7 所示为中国居民平衡膳食宝塔（2022）。

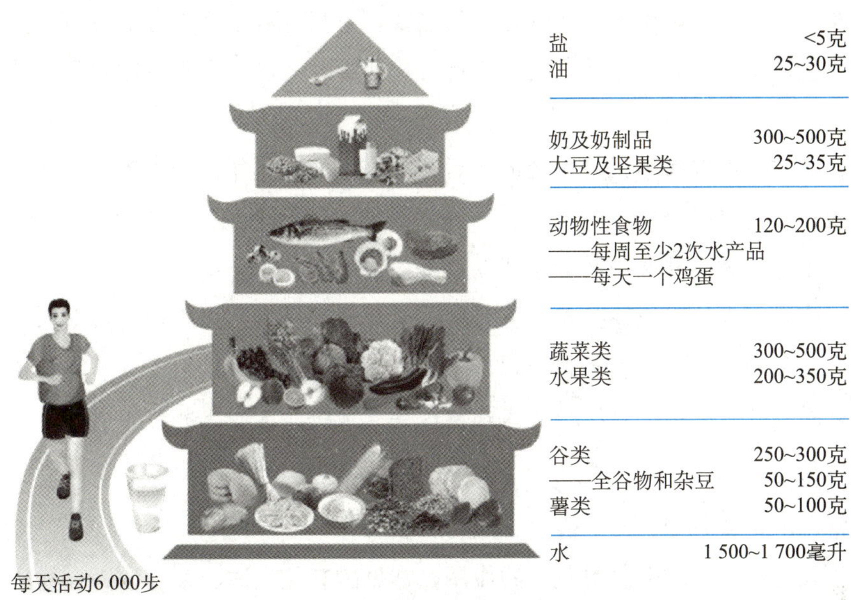

图 5－7　中国居民平衡膳食宝塔（2022）

三、烹饪基础

1. 原料篇

烹饪的原材料可分为蔬菜、水产品、畜禽、粮食作物和果品五类。

（1）蔬菜是人体维生素、矿物质和膳食纤维的主要来源。

（2）水产品富含蛋白质、脂肪、矿物质和维生素。

（3）畜禽是人体优质蛋白、脂类、脂溶性维生素和 B 族维生素的主要来源。

（4）粮食作物是对谷类作物、薯类作物和豆类作物的总称。谷类作物主要为人体提供淀粉、植物蛋白、维生素等；薯类作物主要为人体提供淀粉、维生素等；豆类作物主要为人体提供蛋白质、脂肪等。

（5）果品主要为人体提供维生素、矿物质和人体所需的微量元素。

拓展阅读

各种营养物质的作用

维生素：维生素具有调节代谢的作用。在维生素充足的情况下，人体的代谢会更加完全。例如，维生素 D 能够促进钙质吸收，维生素 C 能够促进铁质吸收，等等。

蛋白质：蛋白质可以为人体提供能量和热量，不但有利于维持骨骼健康、预防骨质疏松，还可以提高肌肉质量和力量，这也是所有的健身爱好者将它视为“增肌神器”的最主要原因。

脂肪：脂肪具有储存和供给能量的作用，还有保持人体体温、固定内脏的作用。

矿物质：矿物质包含铁、钙、镁、锌等，是构成人体骨骼、牙齿等部位的重要元素。需要注意的是，矿物质只能从膳食中获取，不能由人体自行合成。

淀粉：淀粉在人体内会被分解成葡萄糖，葡萄糖可以为人体肌肉运动和其他器官的活动提供能量，以保证人生活的正常进行。

膳食纤维：膳食纤维能够促进肠道蠕动，具有预防超重和肥胖的作用。

2. 调料篇

烹饪常用的调料有油、盐、酱油、醋、料酒等。

（1）油具有导热、增强菜肴色泽的作用，常见的有花生油、菜籽油、大豆油等。

（2）盐可调节菜肴的咸淡，不宜多吃。

（3）酱油分为生抽和老抽两种，生抽一般用来调味，颜色浅，味道鲜、咸；老抽一般用来上色，颜色重、味道咸。

（4）醋可使菜的味道变得丰富，吃起来更加爽口。

（5）料酒能够去除肉的膻味和腥味，还具有解油腻的作用。

3. 火候篇

烹饪时的火候一般根据两种方式确定：

（1）根据原料的质地确定。原料质地较软、嫩、脆的，多用旺火速成；原料质地较硬、老、韧的，多用小火长时间烹调。

（2）根据烹调的技法确定。炒、爆、烹、炸等技法多用旺火速成；烧、炖、煮、焖等技法多用小火长时间烹调。

四、烹饪安全

1. 用火安全

在利用燃气灶等明火烹饪食物时，应注意以下四点：

（1）烹饪过程中不要远离厨房，以防汤水溢出浇灭燃气灶火苗造成燃气泄漏事故。

（2）厨房内禁止存放酒精、汽油等易燃危险物品，以防引起意外失火。

（3）保持燃气灶周围空气流通。

（4）若闻到煤气味，怀疑燃气泄漏的话，应立即关闭燃气阀门和附近的火源，同时打开门窗进行通风，注意不要开关任何电器，包括手机。若煤气味强烈，则应立即外出打电话报警，并通知邻居疏散。

2. 用电安全

在用电饭煲、电磁炉等电器烹饪食物时，应注意以下两点：

（1）湿手不得接触电器及电器装置，以防触电。

（2）电器用完后应关掉开关并拔下插头，防止电器因长时间通电而损坏。

3. 烹饪工具使用安全

在使用烹饪工具的过程中，应注意以下三点：

（1）玻璃器皿、瓷器不能摆放在台面边缘，以免摔破伤人。

（2）在使用刀具前，应检查其是否存在裂纹、松柄、锈蚀等现象，避免在使用过程中发生意外。

（3）刀具在使用完后应插入刀套或刀架内，不得放在操作台边缘及过高处，以免坠落伤人。

4. 其他注意事项

除上述注意事项外，在烹饪时，还应注意以下三点：

（1）烧制饭菜时，锅内的液体不宜过多，以免溢出引发意外。

（2）在拿刚蒸好或烤好的食物时，应戴隔热手套。没有隔热手套的，可用干毛巾代替。

（3）为减少烹饪过程中高温油飞溅，应提前滤干食材上的水分。

第二节　大众美食——饺子

包饺子是中国北方广大地区民间过年最重要的习俗之一。饺子是一种历史悠久的民间美食，深受中国老百姓的喜爱，民间更有“好吃不过饺子”的俗语。每逢新春佳节，饺子也成为一种应时不可缺少的佳肴。那你知道为什么我们过年的时候一定要吃饺子吗？

据考证，饺子是由南北朝至唐朝时期的“偃月形馄饨”和南宋时的“燥肉双下角子”发展而来的，距今已有一千四百多年的历史了。清朝有关史料记载说：“每届初一，无论贫富贵贱，皆以白面做饺食之，谓之煮饽饽，举国皆然，无不同也。富贵之家，暗以金银小锞藏之饽饽中，以卜顺利，家人食得者，则终岁大吉。”这说明新春佳节人们吃饺子，寓意吉利，以示辞旧迎新。近代人徐珂所编的《清稗类钞》中说：“中有馅，或谓之粉角……蒸食、煎食皆可。蒸食者曰汤面饺，其以水煮之而有汤者曰水饺。”

千百年来，饺子作为贺岁食品，深受人们喜爱，相沿成习，流传至今。对崇尚团圆的中国人来说，在除夕夜里，窗外雪落无声，屋内灯光暖人，锅里热气腾腾，把所有的思念与祝福都包进那薄薄的饺子皮，红红的火苗、滚开的水，越煮越觉得有滋味，伴随着辞旧迎新的鞭炮，盛上饺子，也盛出了对来年美好的期望。

知道了饺子的由来，我们就一起来学习一下怎么包饺子吧！

一、和面

1. 准备材料

高筋面粉 500 克，鸡蛋 1 只，细盐 1 小勺，30℃清水约 250 克，保鲜膜。

2. 揉面团

（1）将面粉倒在和面盆里摊开，加盐，磕入鸡蛋，与面粉掺匀，然后一边慢慢倒入清水，一边搅拌。在面粉里加入鸡蛋可以增加蛋白质含量，饺子下锅之后就会很快凝固收缩，煮出的饺子不容易粘连。

（2）将面粉搅拌成絮状的雪花片之后，准备一碗清水放在和面盆的旁边。

（3）双手用力将“雪花片”揉成面团，感觉比较干，无法揉合成团的时候，就用手蘸取适量清水继续揉。直到把所有的雪花片都揉合成一个光滑的面团，且手光、面光、盆光。

（4）将揉好的面团留在和面盆里，盖上盖，或者用潮湿的屉布或保鲜膜盖上，总之要保证面团表面的水分不会蒸发掉。盖好以后让面团静静地饧发 30 分钟左右，再将面团揉至光滑就行了。

然后我们就可以利用饧面的时间来准备包饺子用的馅料了。饺子馅有很多种，但是总体上可以分为肉馅和素馅两种。素馅拌馅的方法比较简单，肉馅相对要复杂一些。下面我们就以常见的猪肉白菜馅为例来讲一下拌饺子馅的方法。爱吃其他馅的同学也可以参考这个方法来做馅。

二、备馅

1. 准备材料

主料：瘦肉 500 克、肥肉少许、大白菜 800 克、葱 180 克、姜 30 克、蛋清 1 个。

辅料：酱油 2 勺、蚝油 2 勺、料酒 2 勺、白糖 1 小勺、盐 2 小勺、香油 1 勺、花椒油 1 勺、十三香 8 克、胡椒粉 3 克、清水适量。（可根据个人口味进行调整）

2. 剁馅

将准备好的猪肉先切小丁再剁成肉末。也可以直接在肉店买绞好的五花肉馅，不过自己剁的肉馅又好吃又卫生，推荐大家自己动手来剁肉馅。

大白菜切碎，放一小勺盐拌匀静置 10～15 分钟，把大白菜里的水分杀出来，用手将大白菜杀出的水分挤出，也可以将切碎的白菜装入专门的布袋里挤出水分。

3. 拌馅

把切好的肉末、姜末、葱花放进大碗里，加入一个蛋清。加入备好的盐、白糖、胡椒粉、十三香，稍加搅拌，然后再加入酱油、料酒、蚝油、花椒油。

用力搅拌肉馅，要注意只能朝一个方向，不能来回搅拌，那样肉馅不容易上劲。一边搅拌一边慢慢加入清水，搅动要用力，搅到吃水充足，肉质起黏性为止，这就是通常所称的“肉馅上劲”。检验肉馅是否上劲可将一小勺搅拌好的肉馅放入冷水里，如果肉馅浮起来就说明已经上劲了，反之就是没有。

肉馅搅拌好了，就可以把挤去水的白菜放到肉馅里，搅拌均匀，觉得咸淡合适了最后再加入 1 勺香油，再次搅拌均匀，放在一边静置一会儿，让馅料入味。

三、擀皮

在等待馅料入味的同时，我们就可以准备擀饺子皮了。

（1）在面板上先均匀地撒一些干面粉，把饧好的面放在面板上，搓成细长条，然后再切成相同大小的小剂子。

（2）在小剂子上撒上面粉后，把面剂的刀切面朝下，用手掌根按压平。

（3）左手拇指和食指捏住饺子皮，逆时针转动，右手按住擀面杖，前后滚动。左手每转一下，右手上下滚动一次，依次循环。将面剂擀成中间略厚、边上略薄的圆片，擀到合适的大小、自己满意的薄厚就行了。

四、包饺子

（1）用筷子或勺子将适量的饺子馅放到面皮上，馅多了饺子包不起来，馅少了饺子不香不好吃。

（2）饺子馅加入后，将饺子皮的中间地方捏在一起。

（3）然后将饺子皮从左往右一层一层地捏起来，最后一个褶子捏完后，如图 5－8 所示将饺子边捏紧。这样一个饺子就完成啦！

（4）饺子还可以包成如图 5－9 所示的不同形状，也可以在饺子皮中加入不同颜色的果汁、蔬菜汁，染成各种鲜艳的颜色，增加食欲。

饺子包好了，下面我们再来学学怎么煮饺子。当然，饺子还有蒸、煎等多种不同的吃法。

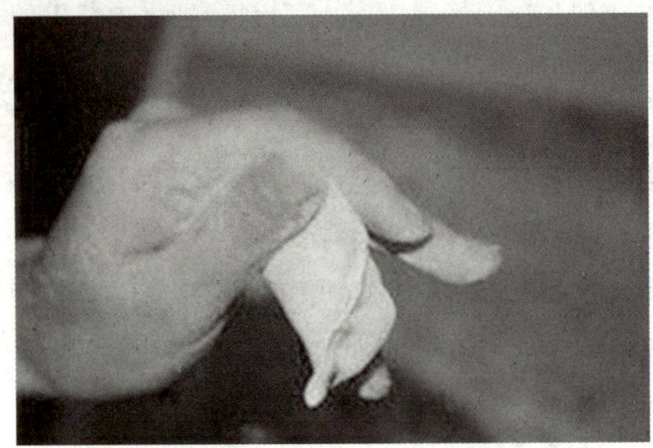

图 5-8 将饺子边捏紧

图 5-9 各种形状的饺子

五、煮饺子

(1) 取一个大小适中的锅，放入水，水可以多一些，太少饺子不容易熟，而且容易煮破。水中先加一根大葱尖，然后再加点盐，大火烧开。

(2) 等水开后就可以下饺子了。一只手拿着放饺子的盘子，另一只手拿起饺子慢慢放进锅里，注意不要离锅太远时就将饺子扔进锅里，以免水溅出来烫到手。锅中的饺子一次不要放太多，否则容易粘连。

(3) 饺子全部入锅后，用木铲深入锅底，轻轻沿一个方向推动饺子，防止部分饺子粘在锅底。然后盖好锅盖煮至水再次烧开。

(4) 此时打开锅盖，可以看到饺子有轻微上浮的迹象，再次用木铲深入锅底，轻轻搅动，让饺子浮起来不要粘在锅底。这个时候可以加一点冷水进去，盖上锅盖，继续煮至水开。如果是纯素馅的饺子，此时已经可以出锅食用了。如果是肉馅饺子，那还要继续下面的步骤。

（5）再次加入冷水，不要盖锅盖，煮至水开。再加入一点冷水，让水再次煮开，饺子就煮好了。将饺子用捞出装盘就可以享受美味啦！吃的时候蘸点醋和蒜汁味道会更鲜美！

总结：煮饺子要全程大火，这样饺子皮不容易破。在水中加盐可以防止饺子粘连，饺子的色泽也会更白，汤色也更清亮。素馅饺子加一次冷水，肉馅饺子要加三次冷水，也就是“三开三点水”。

第三节　文化美食——粽子

“珍珠玉粒女，嫁了穷夫竹叶郎，有棱有角，有心有肝，一身清贫，半世煎熬。”同学们猜猜这是什么食物？是的，这就是我们今天的主角——粽子。

提起粽子，人们自然就会想到我国传统节日——端午节，作为我国四大传统节日之一的端午节在每年的农历五月初五。过端午节是中华民族的传统习惯，但由于中国地域广大，端午节因全国各地地域文化的不同又存在着习俗内容或细节上的差异。如南方多是赛龙舟、在门楣上挂菖蒲或艾草以祛病驱邪等；而北方多有踏柳吟诗、在小孩子的手腕脚腕上系上五色丝线或给小孩子穿五毒肚兜以辟邪等习俗。但南北方的端午习俗也有相同之处，那就是在过节这天家家户户餐桌上都少不了一种食物——粽子。

对于粽子的来源，流传最广的说法是：战国时的屈原投江后，百姓为了不让水里的鱼虾吃掉他的身体，所以将米团投入江中，后来逐渐演化成了吃粽子纪念屈原的风俗。但是，其实粽子早在春秋时期就已出现，它最初是用来祭祀祖先和神灵的。到了晋代，粽子成为端午的节庆食物。端午食粽的风俗，千百年来在中国盛行不衰，而且流传到朝鲜、日本及东南亚诸国。

在中国，粽子的口味有“南咸北甜”之说。北方的粽子一般都是甜味的，最常见的馅料是蜜枣和红豆，也有少数以果脯为馅，软糯微甜的糯米包裹着馅料，黏韧而清香，别具风味。南方除了甜味粽子之外，还有咸味的，尤以鲜肉粽最为出名，上等白糯米裹着大块上好猪腿肉，糯而不糊，肥而不腻，鲜香适口。此外，还有用咸蛋黄作为馅料的蛋黄粽等等。各地方的粽子也形态各异，有三角形、四角形、锥形的，还有长条形状的所谓的“枕头粽”，另外还有把馅料放在竹筒里的竹筒粽子，等等。包粽子的叶子也有差异，南方多用箬竹叶包粽子，它有一种独特的竹子香气。而北方没有箬竹，多采用芦苇叶，用芦苇叶包出来的粽子带有一股苇叶的清香。

时至今日，人类从农耕文明走到工业文明，随着社会的发展、技术的进步，粽子也不再局限于地域和时令，但对中国人来说，顺应自然亲手做流传千百年的食物，意味着对传统生活方式的某种延续。

一、食材的介绍

在动手制作之前，我们要对做粽子的食材有一些了解。

1. 糯米或者江米

糯米或者江米是做粽子的主要食材。糯米的香味比江米浓郁，江米的黏性比糯米要强。

2. 馅料的选择

馅料一般有红枣、蜜枣、豆沙、彩色蜜豆、鲜肉等。可以根据自己的喜好添加喜欢的食材。

3. 包粽子的叶子

北方竹子很少，因而人们一般习惯用芦苇的叶子作为粽子皮，来包裹馅料。用来包粽子的苇叶一般要在端午之前采摘，因为那时候的苇叶比较嫩、韧性强，在包的时候不容易裂开。

4. 捆绑粽子的绳子

一般用马蔺的叶子作为绳子来捆绑包好的粽子。这种叶子细长，韧性又强，很不容易折断，而且它带有一种青草的香味，会使煮出来的粽子带有一种自然的清香。如果没有，也可以用较结实、干净的细线绳来代替。

二、包粽子前的准备

(1) 准备好糯米、红枣、芦苇叶、马蔺叶或线绳等材料。

(2) 将糯米洗净，用冷水提前泡 12 小时备用，目的是让糯米更容易熟。

(3) 将红枣清洗干净，并用水泡开。若想在馅料中加入红豆，豆子也要提前泡开。

(4) 将苇叶和马蔺叶洗净后用开水焯一下。水开后放入苇叶和马蔺叶，使其在锅中停留 10 秒左右，然后捞出冷却待用。叶子焯水的目的是增加其柔韧性，包的时候不易破损或折断，同时也可以起到消毒的作用。

三、包粽子的步骤

(1) 将苇叶两张到三张错开折叠，即上面的苇叶压住下面苇叶的一半即可，并将叶头的部分修剪整齐。如图 5-10 所示。

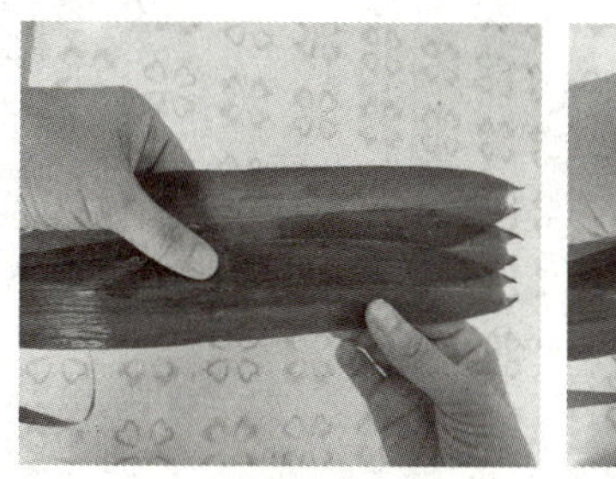
(A) 错开折叠

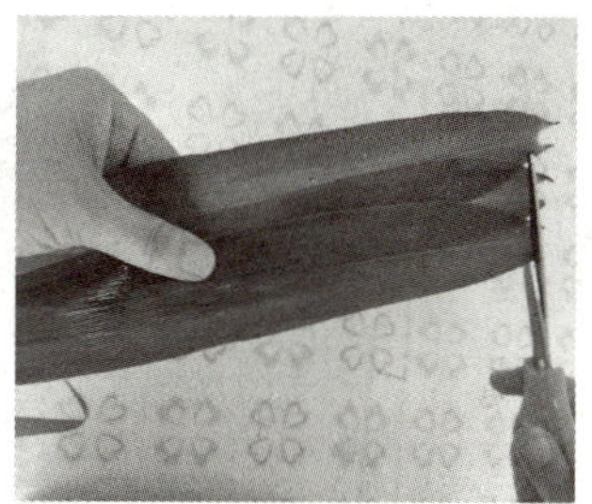
(B) 修剪整齐

图 5-10　包粽子步骤（一）

（2）把苇叶折叠成漏斗形状。在这个漏斗中先放一颗红枣，目的是堵住下面的角，使米不容易漏出。再放一小半糯米，之后再放几粒红枣，最后再放点糯米把红枣盖住。糯米和漏斗口持平即可，太少了粽子很瘪，太多了包不住。具体操作步骤如图 5-11 所示。

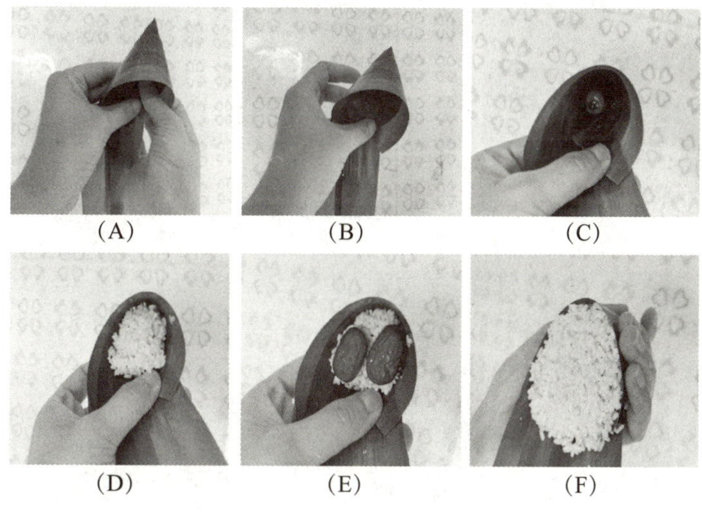
(A)　(B)　(C)　(D)　(E)　(F)

图 5-11　包粽子步骤（二）

（3）左手握住已装满馅料的漏斗，右手将苇叶向上翻起盖住漏斗口的一侧，用左手拇指顺势压住叶边，保证拇指所在的一侧密封完好即可，以左手拇指所在的位置为三角形的一个边，用右手的拇指将苇叶在三角形顶点处向右折成一个角，此时保证苇叶与漏斗口所成三角形的另一边密封，将苇叶的剩余部分继续沿开口边缘缠绕一圈，用右手拇指和食指捏住开口处，并向下折，左手中指、无名指顺势捏住开口处。如图 5-12 所示。

（4）用马蔺叶捆绑 2 圈或用棉线缠绕粽子 4～5 圈，系上活扣，这样吃粽子的时候方便解开。系好后将多余的叶子剪掉。如图 5-13 所示。

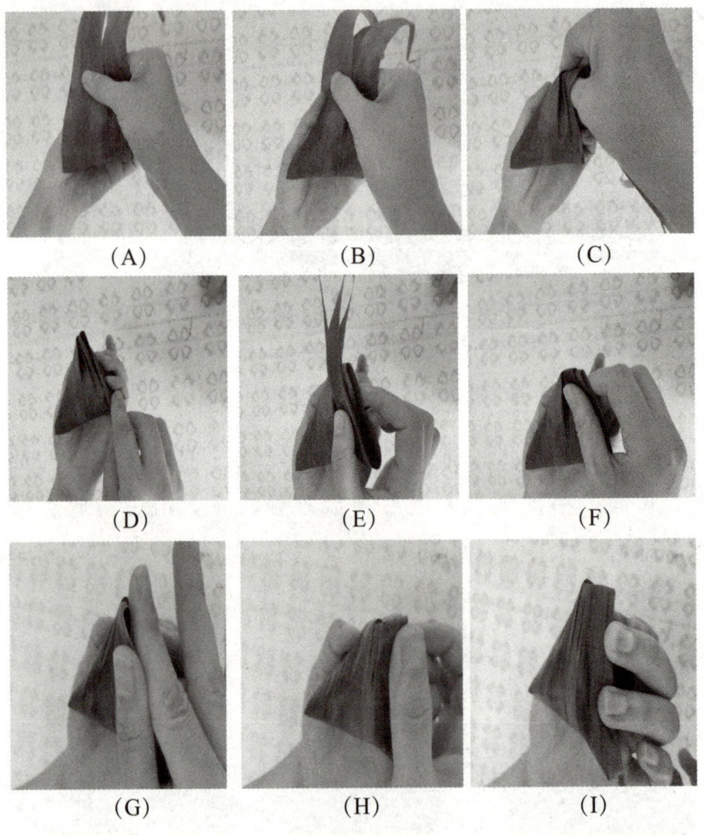

(A) (B) (C)

(D) (E) (F)

(G) (H) (I)

图 5-12　包粽子步骤（三）

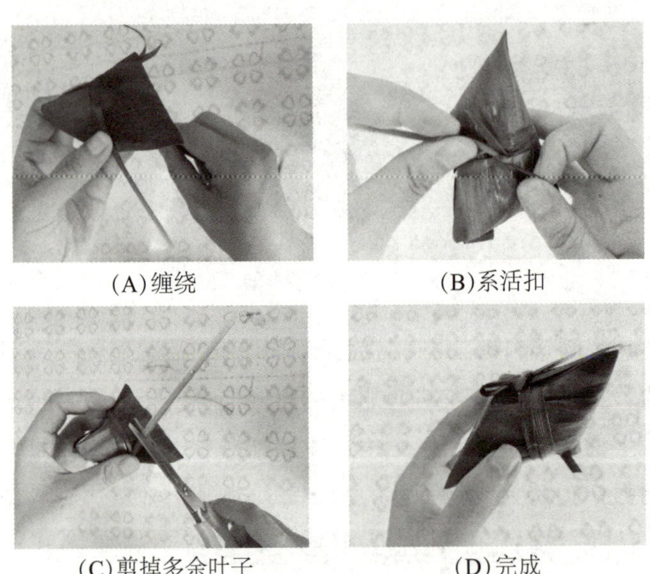

(A)缠绕　(B)系活扣

(C)剪掉多余叶子　(D)完成

图 5-13　包粽子步骤（四）

四、煮粽子

(1) 粽子全部包好后放在压力锅中，然后放入冷水，水的高度要没过粽子4～5厘米，水太少最上面的粽子容易夹生。大火煮25分钟，再改成中小火煮10分钟即可关火，关火后焖30分钟。若用普通锅煮，至少需要煮两个小时，熄火焖1小时。

(2) 待锅冷却后打开，将粽子捞出放凉即可食用。刚煮熟的热粽子黏性差，将其捞出后放置1～2个小时待其完全冷却后香甜软糯，口感最佳。

五、粽子的食用和保存

1. 食用粽子的注意事项

粽子的主要原料是糯米，而糯米是一种不容易消化的食物。所以，吃粽子时最好配合茶水一起食用，可以帮助促进肠胃消化，防止糯米堆积在肠胃里，对肠胃造成太大的负担。吃粽子要小口小口地吃，慢慢地咀嚼和吞咽，这样可以帮助肠胃消化，避免腹胀、腹痛的症状出现。

2. 粽子的保存方法

煮熟的粽子食用不完可以放到冰箱冷冻保存。再次食用时需将其放入锅里煮十几分钟。

3. 粽叶的保存方法

刚刚采来的新鲜苇叶，可以放在阳光下晒干，然后折叠好放在通风处常温保存，也可以将其焯水后折叠好放冰箱冷冻保存。

第四节　拿手私房菜

一、可乐鸡翅

可乐鸡翅是一道以鸡翅和可乐为主料，以葱、姜、酱油、盐、鸡精（可不放）等作为调料制作而成的美食。制作原料使用鸡中翅为佳。可乐鸡翅具有味道鲜美、色泽艳丽、鸡肉嫩滑、咸甜适中的特点，一般人群均可食用，但不适合感冒发热、内火偏旺、痰湿偏重之人；患有热毒疖肿、高血压、血脂偏高、胆囊炎、胆石症者忌食。

1. 材料准备

鸡翅中、可乐一听、八角、姜、葱段、酱油、盐。

2. 制作步骤

(1) 鸡翅洗净，入葱姜水中煮沸捞出，沥干水分。如图 5 - 14 所示。

图 5 - 14　可乐鸡翅制作步骤（一）

(2) 锅内放少许油烧热，放入鸡翅，煎至外皮两面泛黄。如图 5 - 15 所示。

图 5 - 15　可乐鸡翅制作步骤（二）

(3) 倒入可乐没过鸡翅即可。如图 5 - 16 所示。

图 5 - 16　可乐鸡翅制作步骤（三）

(4) 加入酱油、八角、葱段、姜片、盐，大火烧开后转小火。如图 5－17 所示。

图 5－17　可乐鸡翅制作步骤（四）

(5) 炖至汤汁浓稠即可。如图 5－18 所示。

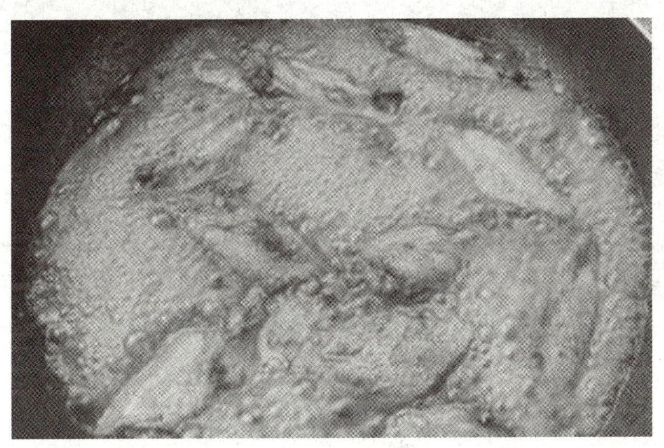

图 5－18　可乐鸡翅制作步骤（五）

二、白切文昌鸡

鸡肉中蛋白质的含量较高、种类多，而且消化率高，很容易被人体吸收利用，能增强体力、强壮身体，有温中益气、补虚填精、健脾胃、活血脉、强筋骨的功效。

文昌鸡是一种优质育肥鸡，因产于海南省文昌市而得名。文昌鸡是海南最负盛名的传统名菜，位列海南“四大名菜”之首。文昌鸡的特点是：个头不大，重约 1.5 千克，毛色鲜艳、翅短脚矮、身圆股平、皮薄滑爽、肉质肥美。海南人吃文昌鸡，传统的吃法是白斩（也叫“白切”），这样最能体现文昌鸡鲜美嫩滑的原汁原味，同时配以鸡油、鸡汤精煮的米饭，俗称“鸡饭”。海南人称“吃鸡饭”即包含白切鸡在内。白切文昌鸡在海南不论筵席、便餐还是家庭菜都很常见，在我国香港及东南亚一带也备受推崇，名气颇盛。

1. 材料准备

文昌鸡1只、姜片、小葱结、蒜茸、姜末、生抽、香油、金橘等。如图5-19所示。

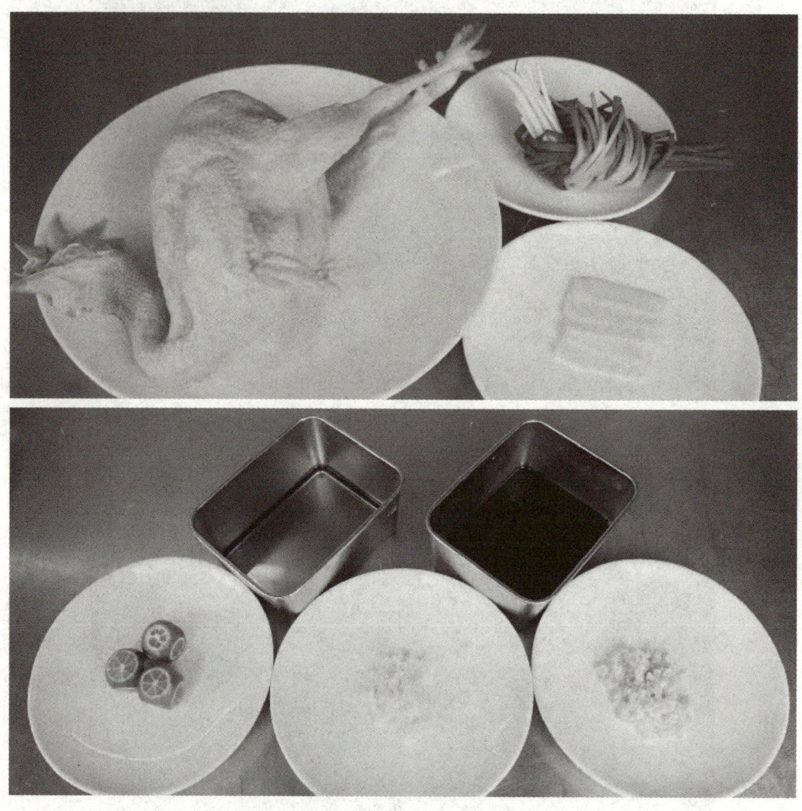

图5-19 白切文昌鸡材料准备

2. 制作步骤

(1) 锅中放入适量清水、姜片、小葱结，加热至微沸，手提鸡脖放入水中三提三放（每次间隔5分钟），让鸡肉里外均匀受热，小火浸煮15～20分钟至仅熟。如图5-20所示。

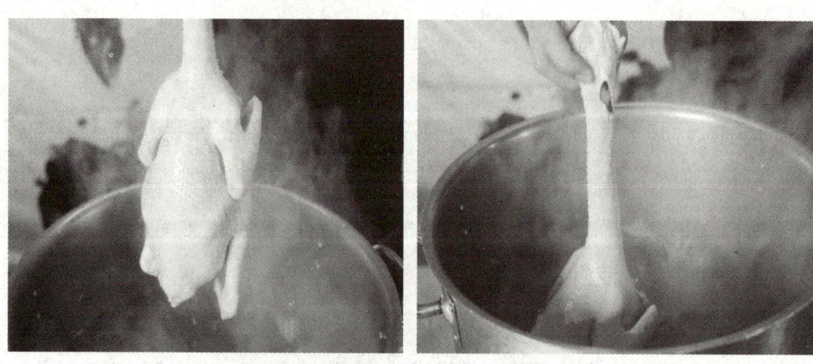

图5-20 白切文昌鸡制作步骤（一）

(2) 离火后鸡肉取出放凉，在鸡皮上抹上一层香油起到光亮作用。如图5-21所示。

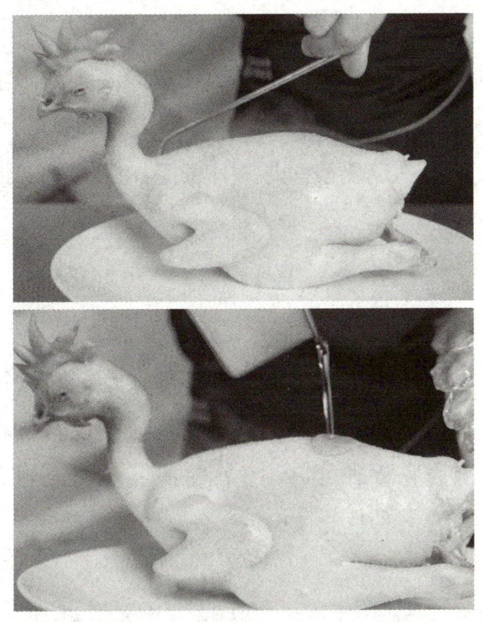

图 5-21 白切文昌鸡制作步骤（二）

（3）斩成小块装盘，搭配蒜茸、姜末、生抽、金橘、花生油调制成的蘸料即可。如图 5-22 所示。

图 5-22 白切文昌鸡制作步骤（三）

3. 关键要点

(1) 水量要充足，猛火加热至微滚（但不能让水滚起，如水量多，温度能保持在 90℃以上，则可以不加热）。

(2) 将整体原料放入，水一定要浸过原料表面。在浸煮时要反复沥出鸡腹腔中的水，让鸡肉里外均匀受热。

三、海南炒粉

炒粉算是海南最有特色的传统小吃了，街头小摊、排档、餐馆都可以看到海南炒粉的身影。海南人把炒粉当点心，只要喜欢，不管早中晚还是夜宵，均可享用。海南炒粉之所以受人们欢迎，不仅仅是因为它醇香可口、色泽油亮、爽滑筋道、配料丰富，更是因为它具有一种独特的氛围，代表着一种饮食文化。

1. 材料准备

河粉、绿豆芽、猪肉片、蒜、葱、盐、味精、白糖、生抽、老抽、胡椒粉、油、淀粉、料酒。如图 5 - 23 所示。

图 5 - 23 海南炒粉材料准备

2. 制作步骤

（1）首先将绿豆芽择洗干净，蒜切成茸、葱切成段备用。如图 5 - 24 所示。

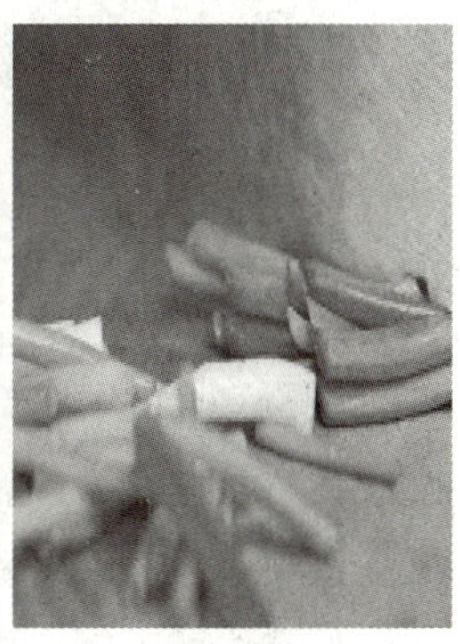

图 5 - 24 海南炒粉制作步骤（一）

（2）猪肉片加入盐、味精、料酒、淀粉腌制上浆。如图 5 - 25 所示。

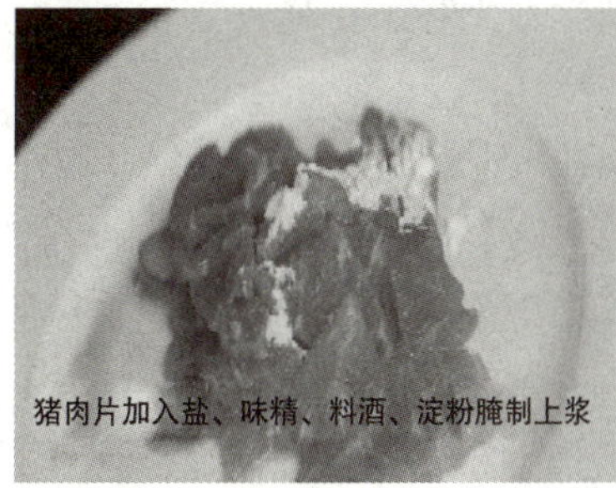

图 5 - 25 海南炒粉制作步骤（二）

（3）炒锅上火倒入少许油，烧至 3～4 成油温倒入肉片滑至断生倒出。如图 5 - 26 所示。

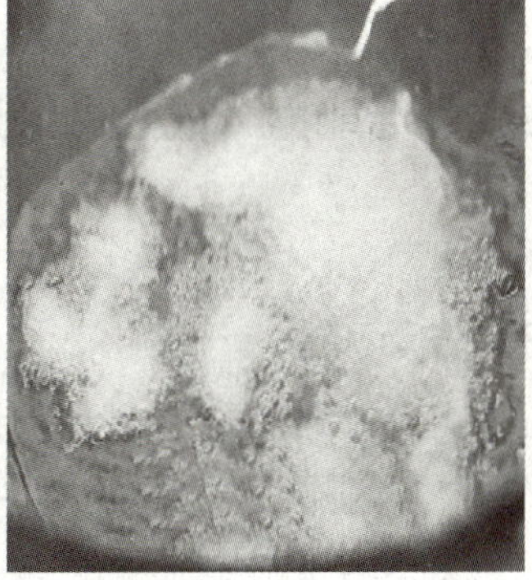
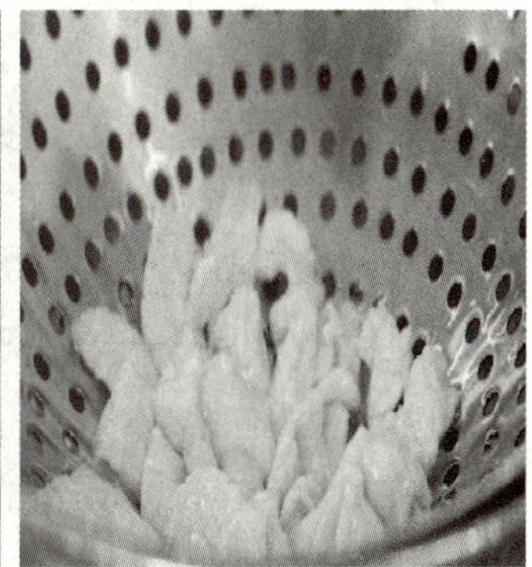

图 5 - 26 海南炒粉制作步骤（三）

（4）炒锅上火热锅凉油，下入蒜蓉出香味后，放入河粉，入少许油炒至河粉受热均匀，下入生抽、白糖、味精、老抽、胡椒粉，下入豆芽、滑油好的肉片炒匀即可出锅。如

图 5－27 所示。

图 5－27　海南炒粉制作步骤（四）

拓展阅读

留学生锻炼独立生活能力　就从做饭这件小事入手

出国后才发现自己还是“中国胃”！许多中国留学生念念不忘的，是家乡菜的味道。

独立生活的起点——学会每天记录开销

“在澳大利亚最难的，就是‘吃’的问题。”就读于澳大利亚西悉尼大学的周筱雅如是说，“澳大利亚是一个‘进口国家’，当地市场上的许多产品都是进口的，食品的物价较高。另外，我所在的学校没有学生餐厅，而外面的餐厅一顿普通的饭菜都要 15 澳元左右，折合人民币大约 73 元，这样的价格对于我们这些留学生来说有点高。”

依靠父母的资助在澳大利亚生活，周筱雅在很短时间内就学会了精打细算。“澳大利亚当地的餐厅，点餐量很大，吃不完浪费掉可不是一个好习惯。”

“出国后才发现，自己还是‘中国胃’。”周筱雅调侃道，“澳大利亚当地人的饮食习惯就是‘三明治拯救一切，两片面包夹起一个宇宙’。”在经历过起初的新奇后，周筱雅开始琢磨如何维持自己的健康饮食习惯。

“国外的饮食比较油腻，即使找到亚洲餐厅，能吃到的大部分也是热量很高的咖喱之类的菜品；而中餐的烹饪方法非常丰富，炒、烤、烩、蒸、煮，选择余地更大。”比较以后，她做出决定：要注重学业，也要兼顾好自己的生活品质。

必须学会独立生活的一个重要技能——做饭

陈梦晓（化名）刚到韩国留学一年，她说：“我以前从不记账。来到韩国之后，发现餐厅的价格格外高，街边普通小店里，一份水煮肉片的价格都能高出国内餐厅的两倍。陈梦晓回忆道：“以前的我从来不进厨房，在家连天然气炉都不敢开。但是来到韩国之后，我发现必须学做饭，因为它的确是生活的必备技能。”

“当然，我得到了朋友的帮助。在和朋友们一起做一顿饭的过程中，我发现做饭原来是一件很快乐的事情。”陈梦晓说。

从“十指不沾阳春水”到“越来越喜欢探索做饭的技巧”，陈梦晓有许多难忘的经历：“刚开始学做饭的时候，鸡蛋被炒成黑色。但我想，如果学会几道拿手菜，就可以请认识的朋友和同学到家里来聚餐，于是就有动力坚持下来了。”回想起刚学做饭时的场景，陈梦晓笑道：“我特别害怕青菜在锅里‘噼噼啪啪’地油汁四溅，所以每次把菜放进锅后都赶紧跑出厨房，等锅‘冷静下来’我再赶紧跑回去。”

独立能力的关键——懂得照顾他人感受

对这些留学生来说，更重要的收获是，通过做饭学到了如何在不同的文化环境中遵守公共规则，照顾他人感受。

谈到中澳生活的差别，周筱雅分享道：“在澳大利亚，每家每户都要求安装烟雾报警器。中餐制作时的烹饪方法，比如说翻炒，会产生大量油烟。这时候如果处理不及时，报警器就会启动。在家里做饭一定要注意油烟问题，因为报警器响 3 次后，消防队就会赶来，而且消防队出动一次需要 1 700 澳元，大约 8 000 元人民币。所以对于我们留学生来讲，要特别注意家里的排烟系统。”

展现独立能力——以美味促进交往

“大家聚在一起做饭聊天，也是让合租舍友迅速‘破冰’的最好方法。”周筱雅说，“我的舍友分别来自英国、印度、西班牙等 5 个国家。中国饮食花样众多，第一次聚餐的时候，我给舍友演示包饺子和包子。她们都非常惊奇，直夸我手法专业，还加入进来跟我一起做。”

吃火锅也是增进友谊的一个不错形式，在外国人眼中既热闹又新鲜，还好吃。

陈梦晓分享道：“我喜欢召集很多小伙伴一起做饭。因为韩国物价较高，多一些人可以多一些选择，而且花费平摊下来也更划算。有时候通过这种方式还能认识新朋友。来聚餐时，很多同学都会叫上自己的朋友一起来，既吃饭，又能通过一起做饭、一起打扫的过程相互熟悉，从而扩大了交际圈。”

对于张可欣而言，饮食文化也是一个加强同学间联系的方法。“周末的时候，常常会有许多同学一起聚到家里，来自同一个地方的老乡可能之前并不认识，但是通过一起做饭吃饭，能聊起很多共同的回忆和话题，可以迅速拉近彼此间的关系。”张可欣甜蜜地回忆道，“我的男朋友就是我在留学期间认识的。我们都是武汉人，有一次他过生日，那时我们还不是特别熟悉，我就送了他一包速食的热干面，两个人一下子就因为故乡的特色饮食而有了共同话题。”

资料来源：人民日报海外版，2018-11-23.

第六章　劳动创造美

1. 了解床位的整理方法。
2. 掌握物品收纳的技巧。
3. 掌握冰箱、家具、燃气灶等家居日常维修的方法。
4. 学会使用钩针钩织各种物品。
5. 认识插花工具，掌握插花方法。

案例导入

海口插花师涂艺潇：巧手插花 扮靓生活

满天星、康乃馨、向日葵、粉玫瑰、香槟玫瑰、百合等花卉及花艺剪、丝带、消毒剂、量杯、醒花桶等工具摆放在操作台上。2022 年 5 月 11 日，在海口市海德路一花店内，记者看到了正在实操插花练习的涂艺潇。“我喜欢花花草草，虽然会有点累，但确实是种享受，我想我会一直从事这个行业。”已经是中级插花师的海口姑娘涂艺潇这样描述自己的职业。

从金融机构转行做插花师

现年 30 岁的涂艺潇曾在深圳一家银行担任柜员，几年前，她想尝试更换工作，一次偶然的机会，她接触到了插花这一行业，加上自己又比较喜欢花花草草的东西，大学专业跟设计有关，就和家人商量转行做插花师。

“当时自费学习插花师，学时一年，2014 年下半年考取了相关职业技能证书。”涂艺潇告诉记者，2015 年年初，回到家乡海口，自主创业，开设了一家鲜花店，周末会指导新老顾客 DIY 插花技能练习。从选花、剪裁、层次搭配，到鲜花的保养与摆放，再到插花艺术的讲解，涂艺潇认认真真地为顾客介绍各类花卉插花常识。

此前，为了学好插花，涂艺潇也遇到过不少困难。除了熟记书本知识点外，实操练习也是基础入门必学的课程，记得最开始的几个月，因手速慢等原因，双手都是血泡。如今的涂艺潇，已经能独当一面熟练完成设计作品。

“插花是一门技术，也是一门艺术，靠的是知识和灵感，打个比方说，插花师就是为各类花卉做‘嫁衣’。”涂艺潇介绍，插花并不是将花卉简单地组合，而是通过改变花卉造型来提高花卉的价值。“普通的一枝玫瑰花，通过其他花束点缀及色彩搭配，价格往往大于单支售卖，而消费者学会插花可以用来点缀自己的居住环境，让自己的业余生活更加多姿多彩。”

市场需求大 就业前景广阔

涂艺潇介绍，目前，海口市民对插花服务的需求一般分为家居和礼仪两类。家居类，主要是为了提升家居环境，利用造型各异的插花对住宅进行装饰。礼仪类，主要是因为商务活动的增多，酒店、公司开业、迎宾设计等对插花产生的需求。

“海口专业性的插花师不多，远不能满足市场的需要。”涂艺潇说，插花师这一职业的就业门槛不高，学历上并无硬性要求，取得技能证书后，从业人员可以到酒店、花卉市场等地方就业，也可以自己开花店，就业前景广阔。

“插花艺术看似简单，作为插花师，要在整个操作过程中保持着细心、谨慎的工作态度，同时也一定要不断丰富自己的专业知识，还要有丰富的实务阅历。”涂艺潇说。

“谈及未来，除了继续考取高级插花师技能证书外，还想凭借所学到的知识、技能，打开传统插花这扇大门，向更多的消费者普及插花技能，传递传统文化之美。”涂艺潇说。

新职业名片

插花师是通过艺术构思和加工，将不同的花材及配材插制成花卉艺术品，用于装饰环境、烘托气氛、表达情感的人员或是具备花卉生产、花艺环境设计、花卉营销等基本职业素质，掌握花卉装饰、花卉工厂生产及花卉应用与植物造景等方面的高技能人才。

资料来源：李银．海口插花师涂艺潇：巧手插花 扮靓生活．海口日报，2022-05-12.

第一节　床位整理有方

对于住校生来说，寝室的床位整理是日常生活的一项重要内容，同时也是班级量化评比的一项重要考核内容，细微之处见精神，良好的寝室环境也是整个班级成绩和文明的基石。

寝室是学生生活和学习的主要场所。无论是在家里还是在学校、企业等单位，打造整洁的寝室，不仅能够给人以美感、愉悦自己的心情，也有助于培养自己的良好习惯、锻炼自己的能力，更有助于培养自己的纪律意识、责任意识，树立起正确的劳动价值观。

一、美化环境、愉悦心情

叠被子人人都会，但是随着年龄的增长、能力的增强，叠被子的标准也在逐步提升。叠被子的最高标准就是像军人那样叠成“豆腐块”。将被子整理成简单、规则的立方体能够给人以美的感受，提高自己的生活质量。

整洁的环境能够给人以美感，集体宿舍做到整齐划一更能愉悦心情，有利于团结协作、提高学习效率。

二、培养习惯、锻炼能力

每天早晨都能坚持以高标准要求自己整理好床位，日复一日、年复一年地坚持下去，不仅可以培养自己的良好生活习惯，也能够锻炼自己的意志品质。

保持按时整理床位的好习惯，在不断的练习中，不但能掌握整理床位的方法与技巧，甚至还能够从中悟出一些道理，起到触类旁通的作用，最后达到提高生活能力的目的。

三、培养责任、塑造精神

自己能做的事情自己做是一个人自理能力的体现，也是一个人基本素养的外在展示。无论是居家生活还是在集体宿舍，坚持每天高质量地整理好床位，可以培养自己的劳动意识、纪律意识、担当意识、大局意识。

整理床位是参与劳动的内容之一，也是自己的责任。每天整理好床位，能够让我们感受到“劳动创造美好生活”，是“尊重劳动、崇尚劳动”思想的体现，也是对“劳动伟大、劳动光荣”精神最好的诠释。一丝不苟地整理好床位是培养爱岗敬业品质、精益求精精神的途径之一，也是我们培养和树立工匠精神的有效方法。

四、掌握技能

1. 叠被子

个人床位整理中最重要的就是叠被子和整理床单，而叠被子也是中职生入学军训的一项重要练习内容，下面我们来学习一下叠军被的操作步骤。

(1) 准备一床棉絮压得较实的被子，这种被子才能叠出好的形状。被子打开压平以后，将被子宽边的1/3沿着长边的平行线折叠。

(2) 将折叠好的被子理平压实，然后将被子另一面折叠过来，把手放在被子内压实，不要让折叠处凹凸不平（见图6-1）。

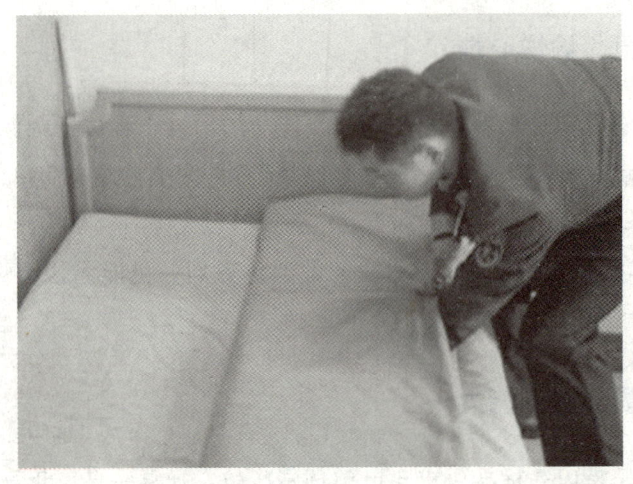

图6-1 叠被子步骤（一）

(3) 估测一下被子总长度，在被子中间预留20厘米做拱形，再分别从两边大概1/4处取10厘米，做成两个拱形。估测位置，将一端的拱形用双手压出条印（见图6-2）。

(4) 顺着一端的条印用手捏起来，把拱形捏得更明显（见图6-3），之后把被子折叠过去，折叠好后进行修边，用拇指和食指捏住，另外三指压在被子上面，把直角边线修出来（见图6-4）。

(5) 折叠被子另一端，用同样的方法把内边修一下，然后把上边线修成直角。

(6) 直角修好后，用刚才同样的手法，双手在被子中间捏出拱形（见图6-5），中间的注意拱形要深一些，然后双手一上一下把被子快速叠过去（见图6-6）。

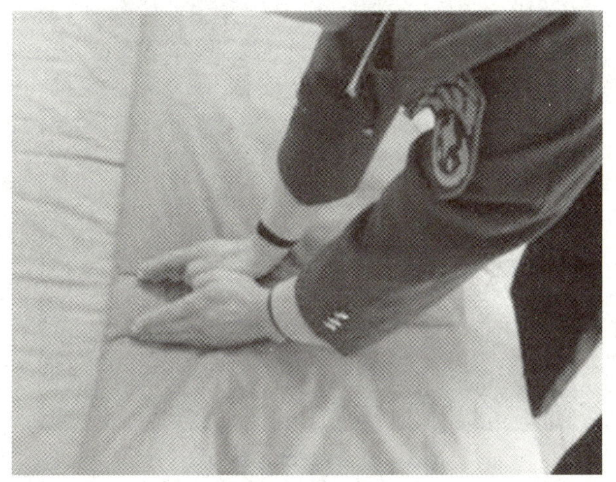

图 6-2 叠被子步骤（二）

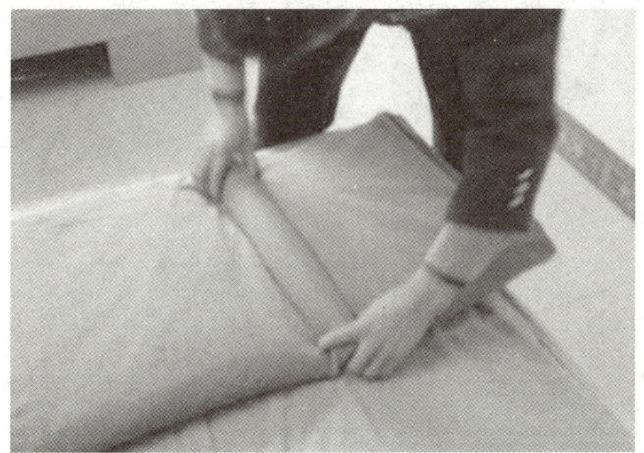

图 6-3 叠被子步骤（三）

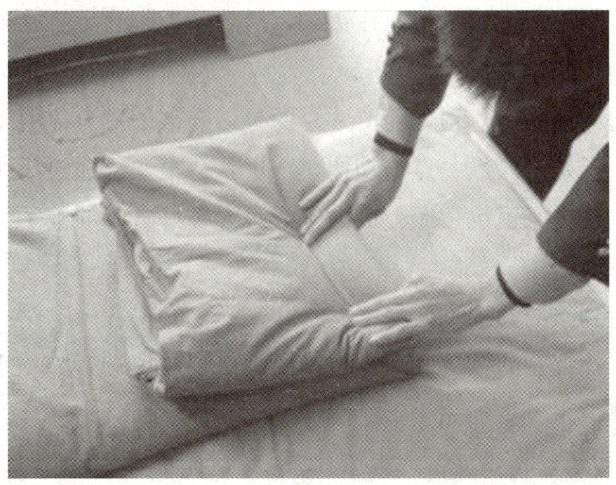

图 6-4 叠被子步骤（四）

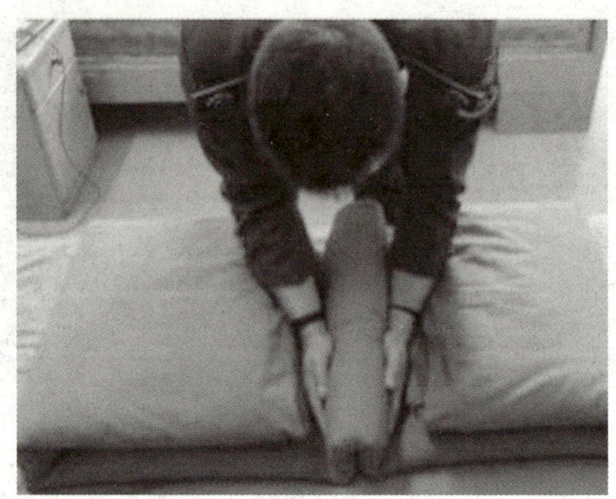

图 6-5　叠被子步骤（五）

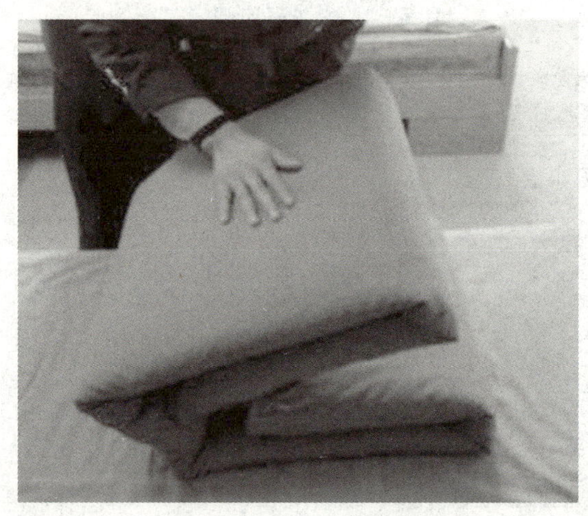

图 6-6　叠被子步骤（六）

（7）将被子放在床中间，用手指压住边线，沿着一端拉直，把褶皱修平，最后用手修整被子的边角，使它更像一个“豆腐块”。

以上是叠被子的详细操作过程，需要注意的是，叠被子三分靠叠七分靠修整，所以每一步都要下功夫。刚开始可以慢一点，动作熟练了就会很快。通过反复练习，相信同学们都可以掌握，大家不妨在家里也按照上面的标准每天叠好自己的被子。

2. 整理床单与摆放枕头

集体寝室如何达到整洁的视觉效果呢？

（1）寝室最好选择统一的被罩和床单，在图案上，建议选择方块型、线条型图案，看上去更加规整，整体效果也更加完美（见图 6-7 和图 6-8 对比）。

（2）叠好的被子开口朝门放置，靠床外侧一端离床沿 20 厘米、背面离床头 20 厘米，枕头摆放在另一端适中位置，平放四角拉伸。将床单抚平，床单外边不能超出床外边缘；垫被、草席以不露出床单为标准。床上无杂物。

图 6-7　方块形图案的床单

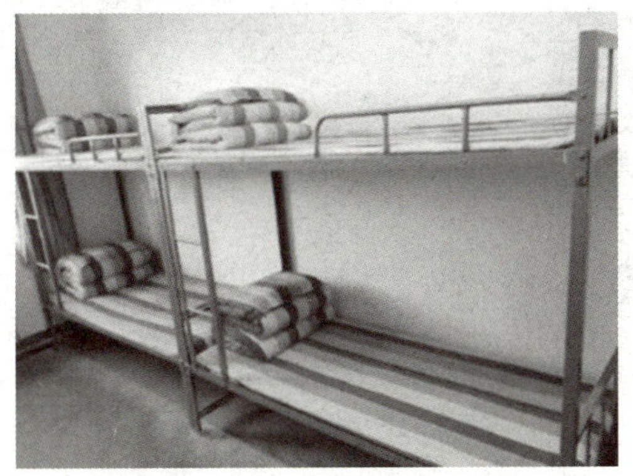

图 6-8　线条型图案的床单

3. 整理床下物品

床位整理不仅是床上物品的叠放，还包括床位其他位置的物品摆放，如床下的鞋子也要摆放整齐，每人最多 4 双鞋子，分类放置，鞋跟向外，放齐呈一条直线（见图 6-9）。

图 6-9　鞋子的摆放

第二节　物品收纳有法

同学们，你是喜欢图 6－10 所示的家，还是喜欢图 6－11 所示的家呢？我想，大家会毫不犹豫地做出选择吧。

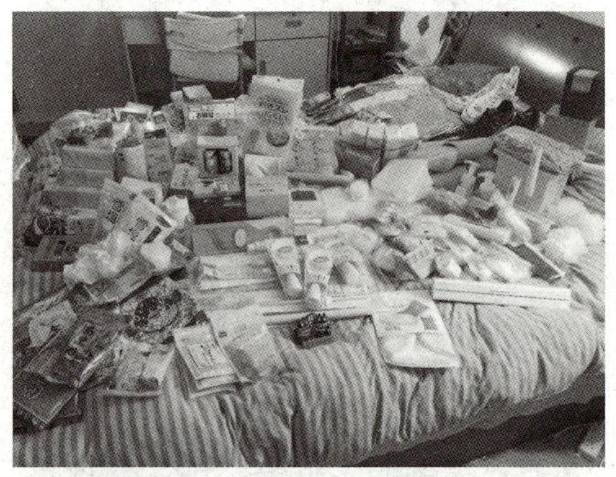

图 6－10　杂乱的物品摆放

图 6－11　有序的物品摆放

家是我们休息的场所，因此营造一个整洁舒适的环境尤为重要，而物品收纳对于舒适环境的营造起着至关重要的作用，今天我们就一起来了解一下收纳知识吧！

一、常用居家收纳物品

1. 收纳盒（箱）

收纳盒（箱）顾名思义就是装东西的盒（箱）子，也就是将东西（多指内衣、袜子等）收集起来存放的盒（箱）子（见图 6－12）。

图 6－12　收纳盒（箱）

收纳盒（箱）的主要材质有：木质、塑料、无纺布和无纺布覆膜等。塑料材质的在干燥气候下，易干裂、易划伤，无纺布材质的易脏且不容易擦洗，最好的要算无纺布覆膜材质的，既美观又不易脏且容易擦洗。

2. 收纳袋

收纳袋顾名思义就是装东西的袋子，主要用于装棉被和各种衣物（见图 6－13）。

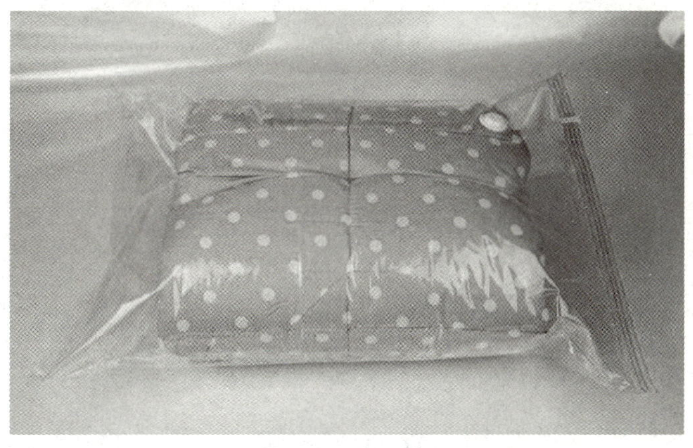

图 6－13　收纳袋

收纳袋最常见的是真空压缩袋，它的工作原理是把棉被衣物内部的空气抽走从而使其体积缩小（像压海绵就会缩小一样）。

3. 收纳柜

收纳柜是指将衣服、书籍等物品合理分配，把有限空间最大化，可以收纳很多东西的柜子（见图 6－14），它是很多人的收纳首选。

图 6－14　收纳柜

4. 收纳凳

收纳凳是一种新型家居储物用品，可以作为坐凳、换鞋凳、垫脚凳使用，内部空间可存放杂物，如书报、鞋类、儿童玩具等家居杂物（见图 6－15）。它没有坚硬突兀的边角，家中老人和小孩不易被碰伤，材质柔和，不会对地面造成磨损，集实用性和装饰性于一体，闲置时可折叠存放，占用空间小，十分方便。

图 6－15　收纳凳

5. 置物架

置物架（见图 6－16）的收纳功能很强，我们要根据不同的物品选择适合的架子。金属架子坚固耐用，零件简单，组装容易，承重大；木质或者塑料等材质的架子也很实用，组装简单，可以改变组合方式，缺点是承重小，容易摇晃，可以在背后增加木材加强固定。

图 6-16 置物架

二、掌握收纳技能

1. 卧室的收纳

卧室，是家中最重要的地方之一，一间温馨舒适的卧室能够极大地慰藉疲惫的身体和心灵。卧室不但承担着供主人休息睡眠的作用，还是家居物品收纳的重要场所。

(1) 利用床底收纳。床作为卧室里必不可少的家具，占据了室内很大的空间，单纯用来睡觉就有些浪费了，如果家里的床是抽屉式或者掀板式，这正好是一个可以放置换季衣物与较少使用的物品的完美地点。如果卧室是榻榻米设计，则更能极大地扩展家庭收纳空间（见图 6-17）。

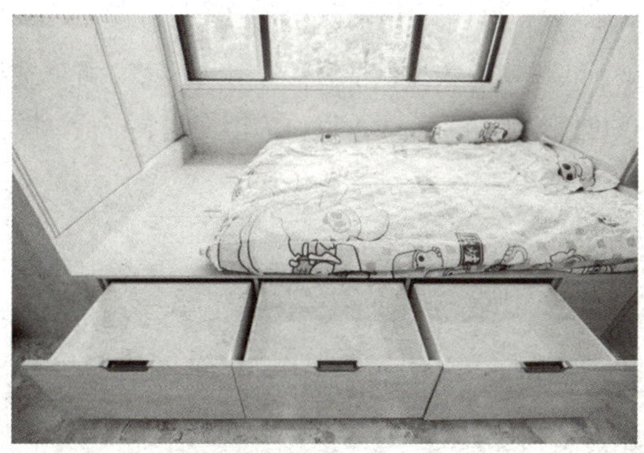

图 6-17 榻榻米设计

(2) 利用床头柜收纳。普通的床头小柜可以收纳很多东西，但是提前把床头设计为内嵌式也是不错的选择，床头是离床最近的位置，我们可以把睡前看的书或者杂志放在上面，或者将一些生活用品分区放在上面（见图 6－18）。

图 6－18　利用床头柜收纳

（3）利用收纳袋收纳。比较大的被褥、羽绒服等物品是很占用空间的，用真空收纳袋一般情况下可以将这些物品缩小至原大小的三分之一，用的时候在阳光下晒一下是完全可以恢复原状的（见图 6－19）。

图 6－19　利用收纳袋收纳

（4）利用墙面收纳。小卧室放太多柜子会让人有压迫感，可以选择壁柜或者在墙面打上架子或者隔板，不仅可以收纳物品，还可以作为个性化装饰（见图 6－20）。

图 6－20　利用墙面收纳

（5）利用衣柜收纳。衣柜（见图 6－21）是家里的收藏空间中容量最大的，我们如果一口气塞很多东西进去，会慢慢忘记放在下面和里面的东西究竟是什么，如果衣柜太深了而且没有架子和间隔，收拾小的东西不方便，所以要好好利用。

图 6－21　利用衣柜收纳

衣柜收纳可以采取上中下的原则：

上：很难存取的地方，可以放大箱子和棉被。前面有把手的收纳箱很方便，可以放置一些根据季节变化使用的东西和不常用的旧东西，但是不能放重的东西。

中：存取最轻松的黄金区域，可以收纳日常常用的东西。收纳衣服可以使用抽屉和衣架。如果仅仅放被子可以把大收纳箱放在下面，有效利用空间。里面的位置看不见，但是比较容易够得着，可用架子隔开，收纳衣服和包等。

下：蹲下取东西也很方便，可以放衣服、熨斗、吸尘器、孩子的玩具等常用的东西。里面可以收纳小家电等不常使用的东西，但是要注意防潮。

2. 客厅的收纳

客厅是家庭居住环境中最大的生活空间，对外招待朋友，是一个家的门面；对内是家庭成员的交流、活动中心，属于家庭中的“公共场所”，容纳了全家人将近 70%的公共物品。面对空间关系最复杂的客厅，应该如何整理收纳呢？

（1）首先需要规划客厅的储物空间。在空间有限、物品又特别多的情况下有两种做法：一是可以增加背景墙储物区；二是考虑购买带有储物功能的茶几、角几，也可提前做好规划，再根据现有物品量和预计未来 3～5 年会增加的不同类物品来定制储物柜。

（2）遵守露少藏多原则。露少藏多原则，是指客厅台面除了部分装饰品外，没有杂物。墙面装饰、背景墙设计也一样，简单即可，东西裸露太多，或者装饰太花哨，会造成视觉疲劳，不易集中注意力。现在很多设计为了创造立面收纳空间，把电视或沙发背景墙做成可收纳的层板和柜子，这种情况也是建议只裸露极少部分做点缀，其他收纳空间最好做成带门封闭式的，这样既能满足收纳的需求，又能达到整体简洁干净的视觉效果。

(3) 遵守就近原则。一个物品一般在哪个环境里使用，就集中收纳到哪里。

玄关一般收纳一些出入门随手携带或放置的物品，比如购物袋，出门买东西如果忘记带的话返回来拿时直接在门口就可以拿到了，而不用换拖鞋走进屋去拿。养宠物的家庭遛狗绳和狗链子等物品也可以收纳到玄关抽屉里，出门时随手就可以拿到给狗套上。粘毛器、折叠雨伞、车钥匙、钥匙包、剪刀（收到快递和信件时马上就能拿到）等都可以收纳到玄关这里，可先将这些物品分类再收纳到收纳盒或抽屉分隔盒中。很多家庭玄关和鞋柜是一体的设计，这时鞋油、鞋刷等物品也可以放置在玄关处。对于鞋柜来讲，每一个层板的高度要特别定制，并做成可活动的层板。

电视柜一般收纳数据线、3D 眼镜、遥控器（空调、灯、风扇等）、备用电池、针线盒、指甲钳、各种家电说明书等，收纳方法还是利用收纳盒，分类收纳再放进电视柜。电视柜整理收纳的一个痛点就是连接机顶盒、路由器的这些数据线该怎么放置，露在外面不美观，把每一根线卷得再整齐，那么多条线还是乱，其实可以用专门收纳数据线的盒子，把线、路由器、机顶盒全部收纳到盒子里，既不耽误我们正常使用，整体看起来还整洁美观。

茶几台面可以收纳遥控器。喜欢喝茶的家庭，如果茶具和整体装修风格很搭配的话，可以将茶台长期摆放在茶几上，这样茶几下方的空间还可以收纳一些茶具、茶托、茶叶等。

3. 餐厅的收纳

餐厅也是家里很重要的一个功能空间，但是随着居住时间越来越久，我们会发现原本宽敞整洁的餐厅会被各种杂物所占有，使得这个空间显得杂乱无章。今天我们就一起来学习一下餐厅的收纳技巧吧！

餐桌上的物品所占比例不要超过桌子面积的 20%，不然就会显得凌乱，甚至影响正常生活，桌面上只留下 1～2 件起展示功能的物品，以及使用频率极高的物品即可，并且尽量采用集中收纳的方式，比如采用带把手的藤编筐隐藏式地收纳一下杂物。

我们常说“没有空间就创造空间”，家中有一些不起眼的角落，只要借助一些工具就能创造出很大的收纳空间。比如餐边柜，它应该是餐厅的收纳主力，不仅能增加收纳空间，还有一定的装饰作用，甚至厨房放不下的电饭煲、烧水壶等小电器也能放在这儿。

如果没有充足的空间也可以试试在墙上安几块隔板，隔板特别适合摆放好看的餐具、罐装的五谷杂粮或是调味料等物品，做收纳的同时还能起到装饰作用。不想打孔的话，多层桌面置物架也可以充当隔板的角色。

4. 厨房的收纳

（1）收入柜中。将调料、锅具等都放进柜子里，既能避免油烟灰尘的附着，又能有效避免厨房卫生打扫的问题，还能使厨房变得宽敞明亮。上面的橱柜，因为太高不容易拿，所以放置长期不用的东西，比较容易拿到的地方就放调味料等易受潮的东西。

（2）整理归类。整理归类也是收纳的关键，锅碗瓢盆、刀叉碗碟……所有的厨房用具都归类摆放整齐，且要放在固定的位置，不仅看起来赏心悦目，拿取的时候也更加方便。

（3）将空间利用到极致。对于一些空间较小的厨房来说，我们最先考虑的就是要利用墙面来扩展收纳的空间，在墙上安装一些可以放置物品的置物架（见图6－22），可以将厨房的一些瓶瓶罐罐放置在墙面的置物架上，从而为厨房的台面留出更大的空间。

厨房常见的一些厨具餐具由于需要经常清洗，因此我们不得不考虑它的沥水问题，放置在洗碗池上的沥水置物架就是一种非常不错的设计，不但可以放置刀具和碗筷，也能很好地解决厨具餐具的沥水问题，让厨房更加清洁干净。

图6－22　厨房置物架

5. 卫生间的收纳

卫生间里有很多洗涤剂、毛巾等小物品，收拾起来很麻烦，而且不容易摆放整齐。既要方便使用又要美观整洁，应该怎么整理呢？

（1）洗衣机周围的收纳要点。洗衣机周围本来就很狭窄但是东西却很多，要确保收纳的空间，就必须好好整理零零碎碎的小杂物，架子是必需的，最少也要两层或三层，上面可以摆放毛巾、亚麻布之类的物品，下面（视线高度）可以摆放衣架和洗涤剂等物品。洗衣机的旁边也可以放置一些小盒子，用来装瓶状的洗涤液之类的物品。

（2）马桶周围的收纳要点。马桶周围是最容易脏的地方，所以更需要清洁。如果没有固定的架子，可以在靠近天花板的地方设置专用的架子，用来存放卫生纸等物品。

（3）洗脸台的收纳要点。洗脸台使用频率很高，上面摆放着肥皂、化妆品、牙刷、牙膏、美发用品等，因为有很多小东西，所以更要好好利用狭窄的空间进行整理。在买浴室柜的时候可以选择镜子后面带收纳柜的镜柜，把不常用的物品（例如家里囤的牙膏、牙刷、化妆品等）放在柜子里，而每天都要使用的肥皂、化妆品、牙刷、牙膏等都放在容易拿取的位置。洗脸台下面可以避开水管，摆放牙膏、美发用品、洗发水、沐浴液、洗涤剂等存货和清洁用品。在靠近淋浴喷头的墙角上也可以安装多层角架，放洗发水、沐浴液等，取用方便又整洁大方。

第三节 学用钩针

同学们，你们知道下面这些漂亮的小物件（见图 6 - 23）是怎么做出来的吗？其实，它们的“前身”就是一根根普通的丝线，可当它们遇到了“钩针”，一切就变得不同了，在钩针的帮助下，它们或变得绚丽多彩，或变得精致可爱，让人爱不释手。下面我们就一起来揭开钩针编织的秘密吧！

图 6 - 23 钩针编织小物品

钩针编织是一种古老的手工工艺，它早在 19 世纪的英国、美国与法国就已开始普及，当时的人们大多用钩针编织来修补破掉的蕾丝，因为这是一个比较省钱的方法。1840 年，第一本关于钩针编织法的书籍在英国出版。从该书的内容上看，早期的钩针编织花样注重生动的配色，以及线材与织品的搭配，例如棉花和螺纹亚麻质料的线材，最好拿来做蕾丝；而羊毛毛线，最好拿来做衣物。

随着时代的发展，钩针编织艺术也在不断地变化着。由于它的灵活性，用一根针和一根线就能编织出各种各样的图案和形状，因此其应用的范围也越来越广，从最初的服装领域发展到现在的生活用品、饰品、玩具等领域，并在各个领域发挥着它独有的艺术优势，展现着它独特的艺术魅力。

一、钩针编织的基本针法

钩针编织的花样比较灵活，从头到尾仅需一支钩针与一根线，就可钩出许多漂亮的衣服和可爱的小物件。但对初学者而言，要想学好钩针编织，首先要认识和掌握几种最基本的钩针图解符号和针法。

1. 编织线和钩针的持法

（1）编织线的持法。用右手握住线头，由左手外侧将线从小指和无名指间穿过，经手指前，再从中指和食指间穿出，并将毛线缠在食指上，如图 6－24（A）所示。线头由左手的拇指和中指捏住，如图 6－24（B）所示。编织时可适当调整手指，使缠绕在食指上的毛线能够顺畅地抽出。同时也可在小指上绕一圈，让毛线一点点地滑动。

（2）钩针的持法。用右手的拇指和食指握住离针尖约 4 厘米的地方，中指轻轻摁住钩针上方，如图 6－24（C）所示。编织时用中指压住缠到钩针上的毛线，防止其滑落。

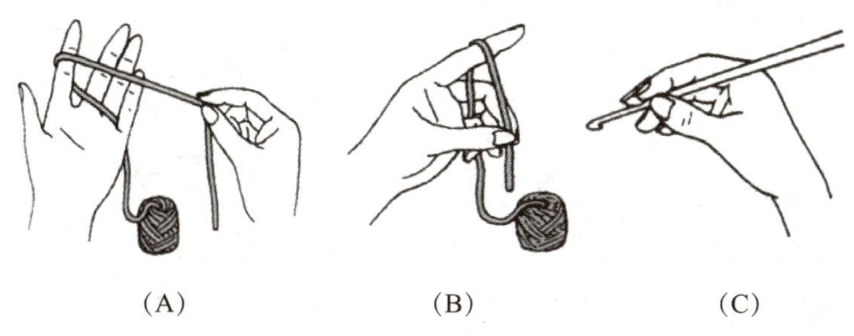

图 6－24　编织线和钩针的持法

2. 基本的钩针符号和编织方法

（1）从毛线内侧将钩针插入，按箭头指示方向转动钩针，如图 6－25（A）所示。

（2）用拇指和中指摁住交叉的毛线，将其挂上钩针，如图 6－25（B）所示。按箭头所示方向将线拉出，完成起针，如图 6－25（C）所示。

（3）按图 6－25（C）中箭头所示方向在钩针上挂线，并将线按图 6－25（D）中箭头所示方向拉出，完成第一针。

（4）重复图 6－25（C）和图 6－25（D）所示的步骤，完成第二针，如图 6－25（E）所示。一直重复到完成第五针，如图 6－25（F）所示。

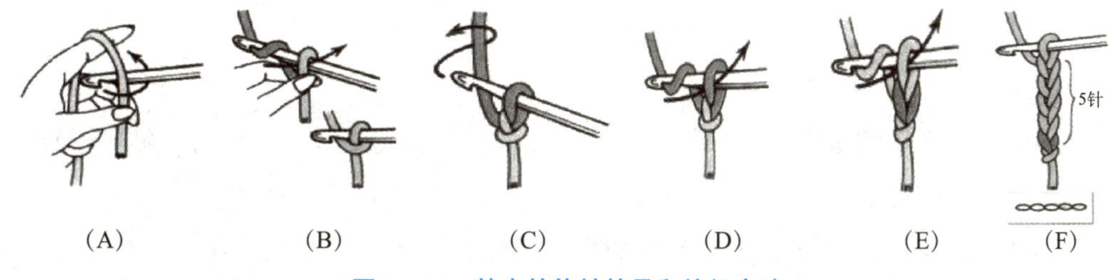

图 6－25　基本的钩针符号和编织方法

3. 短针（十或×）

(1) 跳过一针辫子针（该辫子针为起立针，一个辫子针相当于一个短针的高度），在第二针针眼处按箭头所示方向插入钩针，同时将毛线沿箭头方向挂到钩针上，如图 6－26（A）所示。

(2) 挂好线后，沿图 6－26（B）箭头所示方向拉出。

(3) 再次在针上挂线，按图 6－26（C）中箭头所示方向一次性引拔穿过两个线圈。

(4) 完成一针短针，如图 6－26（D）所示，在箭头所示针眼处插入钩针，重复图 6－26（B）和图 6－26（C）所示的步骤，完成第二针，一直重复到完成第五针，如图 6－26（E）所示。

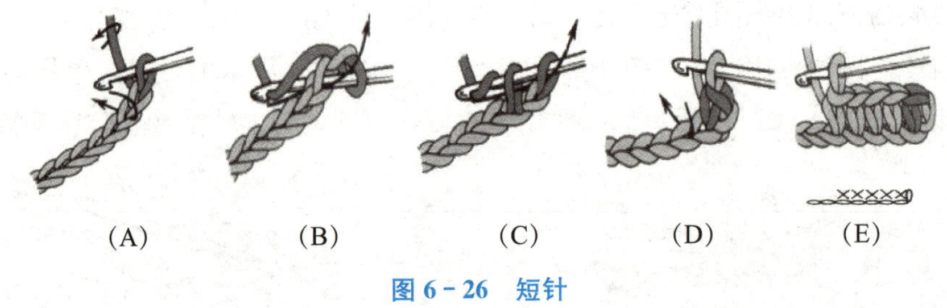

图 6－26　短针

4. 引拔针（⬬）

以在短针上编织引拔针为例。

(1) 将织片按照图 6－27（A）所示拿在手中，按照箭头所示方向插入钩针。

(2) 针上挂线，按箭头所示方向一次性引拔穿过线圈，如图 6－27（B）所示。

(3) 完成一个引拔针，如图 6－27（C）所示，再次按箭头所示方向穿过针眼，重复图 6－27（B）所示的步骤，完成第二针，一直重复到完成第五针，如图 6－27（D）所示。

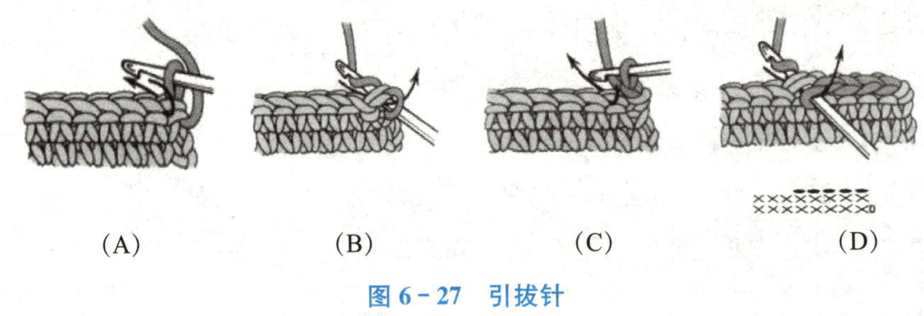

图 6－27　引拔针

5. 长针（下）

(1) 针上挂线，跳过四针辫子针（其中三针辫子针为起立针，一针为台针，三针辫子相当于一个长针的高度），在第五处针眼处插入钩针，如图 6－28（A）所示。

(2) 针上挂线，按照箭头所示方向将线拉出，如图 6－28（B）所示。

（3）针上挂线，按照箭头所示方向引拔穿过两个线圈，如图 6－28（C）所示。

（4）再次在针上挂线，按照图 6－28（D）中箭头所示方向一次性引拔穿过两个线圈，一个长针完成。

（5）重复前四个步骤，完成五针长针（起立的三针辫子针算一长针），如图 6－28（E）所示。

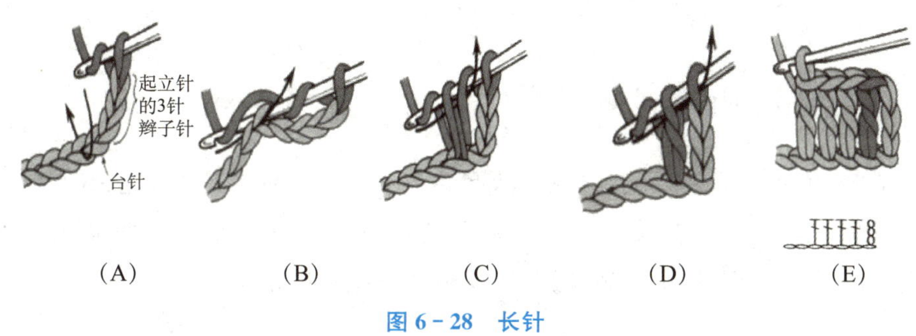

图 6－28　长针

6. 加针

如图 6－29 所示，以短针加针为例进行说明。

若想在某一处加一针，先在该针眼处正常编织一针，如图 6－29（A）所示，然后继续穿过该针眼再编织同样的一针，如图 6－29（B）所示，这样即达到了加一针的目的，如图 6－29（C）所示。这种方法也适合在一个针眼处加多针。其他类型针的加针方法与之类似，均是在同一针眼处编织多个针，以达到加针的目的。

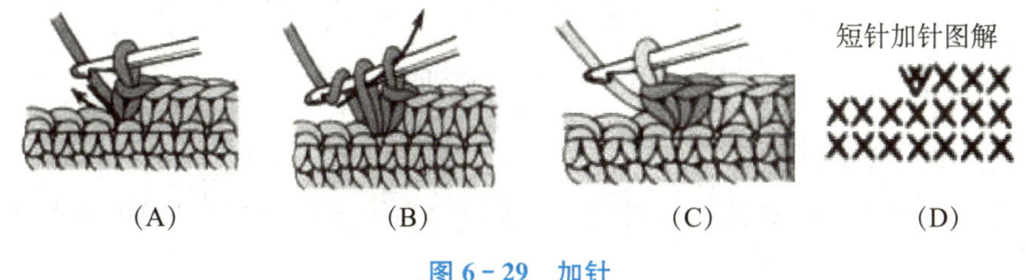

图 6－29　加针

7. 减针

如图 6－30 所示，以长针减针为例进行说明。

若想在某一处减一长针，先按照长针编织方法前三步操作，如图 6－28（A）、图 6－28（B）、图 6－28（C）所示，最后两个线圈不再挂线引拔。如图 6－30（A）所示，此时钩针上有两个线圈，然后挂线，按箭头在下一个针眼指示方向插入，继续重复前一针的操作。如图 6－30（B）所示，此时钩针上有三个线圈，再次在针上挂线，按照箭头所示方向一次性引拔穿过三个线圈。如图 6－30（C）所示，减针完成。这种方法也适合减多针，其他类型针的减针方法与之类似，均是将多针变一针，以达到减针的目的。

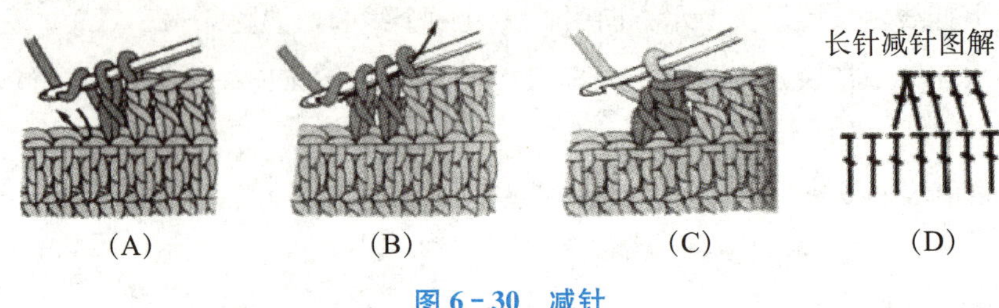

图 6-30　减针

二、看图解，钩作品

学习了上面的几种针法，大家是不是都跃跃欲试了？下面我们就一起来学习如何根据钩针图解编织一件钩针作品。如图 6-31 所示是一个杯垫的图解，下面我们分步来学习。每一步大家都要参照杯垫图解中对应的部分，以便学会看图钩织。

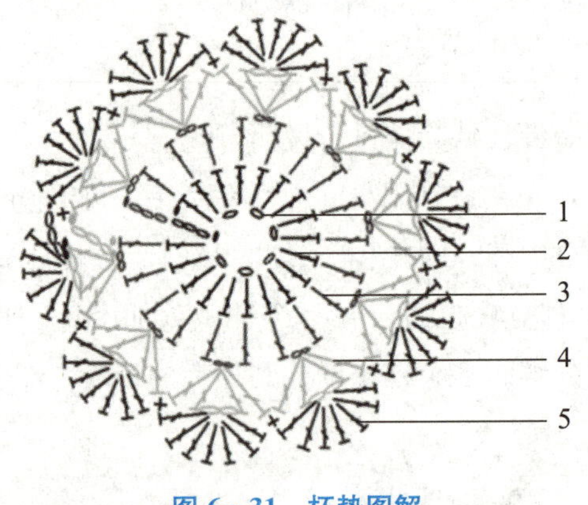

图 6-31　杯垫图解

第一步：钩六个辫子针后，将针插入第一个辫子针针眼处，钩一针引拔针，让其首尾连接，形成一个圆环，如图 6-32（A）所示。参照图解中最中间的辫子针“1”的一圈。

第二步：钩三个辫子针作为起立针，之后钩长针十九针（钩长针时将钩针插入圆环内挂线即可，不必插入辫子针针眼），并用引拔针将第十九针与起立针连接，如图 6-32（B）所示，第一圈完成。参照图解中“2”的一圈。

第三步：先钩三个辫子针作为起立针，然后分别钩两个辫子针、两个长针，其中长针对应第一圈的每一针。两个辫子针、两个长针依次交替进行，直到结束即钩到第十九针长针，用引拔针将第十九针长针与起立针连接，如图 6-32（C）所示，第二圈完成。参照图解中“3”的一圈。

第四步：先钩两个引拔针（把线引到第二圈的两个辫子针上），然后钩三个辫子针作为起立针，再把钩针插到第二圈的两个辫子针与两个长针形成的镂空的孔中，挂线，钩一个长针、两个辫子针、两个长针，最后，以两个长针、两个辫子针、两个长针为一组，依次在两个辫子针与两个长针形成镂空的孔中钩长针四针，最后用引拔针将最后一针与起立针连接，如图 6－32（D）所示，第三圈完成。参照图解中“4”的一圈。

第五步：先钩两个引拔针，然后钩三个辫子针作为起立针，再把钩针插到第三圈的两个辫子针与两个长针形成的镂空的孔中，挂线，钩长针六针（此时算起立针共七针），之后，在第三圈四个长针中间的针眼处钩一个短针，后面依次在第三圈的两个辫子针与两个长针形成的镂空的孔中钩七针长针，如图 6－32（E）所示。最后钩一个引拔针与起立针连接，并将线挑出、拉紧。参照图解中“5”的一圈。

第六步：将线头用钩针钩到附近任意针眼处，将线头藏起一部分，防止杯垫受外力因线头太短而扯开。最后将多余的线头剪掉，如图 6－32（F）所示。一个镂空杯垫完成。

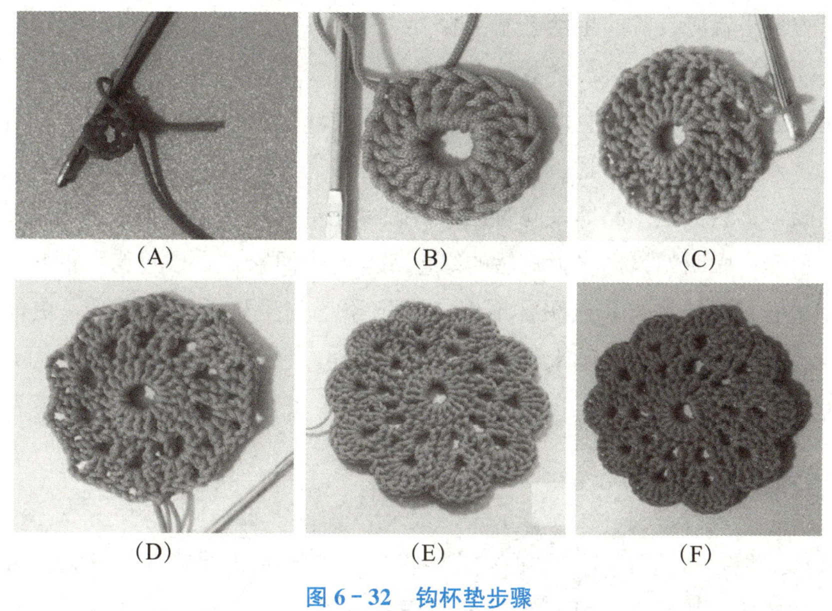

(A)　(B)　(C)　(D)　(E)　(F)

图 6－32　钩杯垫步骤

知识链接

1. 在钩织上面的杯垫之前，必须熟悉基本针法，同学们可以先练习基本针法，熟悉之后再进行上面的操作。

2. 钩针编织比较灵活，同学们熟练以后，可以自己尝试各种针法的组合，不同针法可以组合成不同的图案。

第四节　插花小艺

插花艺术是指将剪切下来的植物的枝、叶、花、果作为素材，经过一定的技术（修剪、整枝、弯曲等）和艺术（构思、造型、设计等）加工，重新配置成一件精致完美、富有诗情画意、能再现自然美和生活美的花卉艺术品。插花艺术起源于人们对花卉的热爱，人们通过对花卉的定格，表达某种意境，从而感受生命的真实与灿烂。

中国插花艺术历史悠久，自六朝起，发展至今已有约 1 500 年的历史，是中国传统文化中最优美的古典艺术之一。在宋朝，插花与挂画、焚香、点茶并称为四艺，是名门望族、大家闺秀自小就应具备的生活艺术与修养。中国插花不同于西洋插花，它造型婉约，形态生动，强调的是意境之美，含蓄并崇尚自然。

在现代社会中，随着人们生活水平的提高和居住环境的改善，人们对生活环境的要求也越来越高。要想营造一个舒适、便利、美观的居室环境，除了要有必要的家私物品外，还要摆设书画、饰物、工艺品等，同时也不可缺少花草的装点，否则居室内就会少一些天然的生机。因而，聪明的人们将大自然的绿色和鲜花带回家，并通过精心的技术和艺术处理，巧妙地对居室进行装饰和点缀，不仅能够增添室内生机，调剂生活，更能够陶冶性情，愉悦身心。所以插花艺术越来越受到人们的喜爱，它正慢慢地走入千家万户，成为美化居室不可缺少的一部分。

一、插花的种类及特点

插花从形式上可分为瓶插、盆插、悬挂式插花、异形花器插花、花篮插花、花架插花、人造花插花等；从风格上可分为传统东方式插花、传统西方式插花、现代自由式插花。下面对插花的三种风格进行介绍。

1. 传统东方式插花

这是以中国和日本为代表的一种插花形式。由于受到东方传统文化和习俗的影响，它和东方园林一样特别崇尚自然，善于利用花材的自然美来表现主题。东方式插花的选材讲究简练，以少而精的花材有机组合取胜，讲究借物寓意，以形传神，造型注重自然，形体小巧玲珑，色彩朴素淡雅，意境含蓄深远，耐人寻味，因而以形式美和意境美著称于世。如图 6－33 所示。

2. 传统西方式插花

这是以欧美各国为代表的一种插花形式。与东方式插花迥然不同，它受西方人崇尚自然、热情奔放的传统文化和民族性格影响，擅长用花材的人工美来表现主题。西方式插花选材讲究繁盛，以表现植物的群体美取胜，造型注重规则，以对称的几何图形为主，形体较大而端正，色彩鲜艳丰富，追求块面效果，表现出热情奔放、雍容华贵、富丽堂皇的风格。如图 6-34 所示。

图 6-33 传统东方式插花

图 6-34 传统西方式插花

3. 现代自由式插花

这是一种抽象、写意、非常个性化的插花形式。它是在东、西方插花的基础上发展起来的，融合了东西方插花的特点。现代自由式插花在花器花材的选择、构思造型的确定、花叶色彩的处理等方面更趋自由、随意。常用非植物材料如金属、玻璃、塑料、棉织品等陪衬和点缀，表现的主题往往使人较难理解，作品完全融入了个人的性格、爱好和气质，给人以耳目一新之感。如图 6-35 所示。

图 6-35 现代自由式插花

二、插花布置要与环境协调

根据环境的不同，插花布置的手法和要求也是有区别的。如展览会馆、酒店大堂、会议厅等大型公共场所，应以西方式插花或现代自由式插花为主，它要求插花的体量大、数量多、色彩丰富。而家庭居室等小型空间范围，则以东方式插花为主，它只需少数小体量的插花作品作为点缀，即可起到锦上添花的作用。下面着重为大家介绍在日常家居环境中，我们应该如何布置插花。

1. 客厅

客厅是家居生活中最大的一个空间，是主人休息和会客的地方，插花的风格宜选择西方式插花，色彩浓重艳丽，可以营造出热情、友好的待客气氛。这种风格的插花，用花的数量较多，一般以草本花卉为主，如香石竹、非洲菊、唐菖蒲、百合、玫瑰等。在花色的搭配上，常混用几种颜色，色彩艳丽、充实而丰满，给人以春天般的五彩缤纷之感。插花宜摆放在茶几中央，以不挡住交谈者彼此间视线为宜，插花要四面均可观赏，形状多为半球形、椭圆形等，如图 6－36（A）所示。如茶几是靠墙摆放，插成单面观赏即可，可高大些，形状多为三角形或扇形，如图 6－36（B）所示。

(A) 半球形插花

(B) 三角形插花

图 6－36　适合客厅的插花

2. 书房

书房是主人看书、学习的地方，要求宁静，不需要太多颜色和太过热烈的色彩，追求清雅飘逸、疏落有致，使人感到清爽。常用的花材有藤蔓、小竹、水蜡烛、银芽柳、针葵、松枝等，造型构图讲究简洁明快，花色朴素大方，不宜艳丽。

3. 卧室

卧室宜摆放柔美纤细、典雅质朴的插花，可让人感到安宁舒适。最忌色彩过于艳丽，要以浅色为主，如晚香玉、水仙、蜡梅、浅色月季等，烘托出一种恬静、幽雅的氛围，使人轻松舒畅，悠然入梦。

4. 餐桌

餐桌是供主人用餐的，布置的鲜花应无刺、无异味、无病虫害痕迹。宜选 1～2 朵鲜花配以绿叶和满天星，用瓶插即可。

5. 墙体

居室布置中的墙体装饰越来越被人们重视，墙体作品一般悬挂在较高处，若用鲜花布置，给制作、固定、浇水、调换等带来诸多不便。干花不用浇水，管理方便，且不需要浇水调换，加之干花可以达到以假乱真的效果，所以用干花装饰墙体正渐渐流行开来。

三、花材的分类

凡插花所用的植物材料统称为花材。从插花实用的角度出发，可将花材按以下几个方面进行分类。

1. 按花材的形态分类

（1）线形花材。即外形呈细长的条状或线形的花材。例如：金鱼草、蛇鞭菊、飞燕草、龙胆、银芽柳、连翘等。

（2）团形花材。即外形呈较整齐的团形、块形或近似圆形的花材。例如：康乃馨、非洲菊、玫瑰、白头翁等。

（3）异形花材。即外形不规整、结构奇特别致的花材。例如：百合花、红掌、鹤望兰等。

（4）散状（散点）花材。即外形由整个花序的小花朵形成星点状蓬松轻盈状态的花材。例如：母菊（洋甘菊）、小丁香、满天星、小苍兰、白孔雀等。

2. 按植物的器官分类

（1）切枝。从植株上剪切下来的木本枝条。

（2）切叶。从植株上剪切下来的叶片。

（3）切花。从植株上剪切下来的花。有单花与花序之分，但都以观花为主。

（4）切果。从植株上剪切下来的果实。

3. 按花材的性质分类

（1）鲜花花材。即鲜切花，具有生命活力。

（2）干花花材。经过干燥的植物材料，可保持植物的自然形态，且可人为染色。

四、插花的花器及基本道具

1. 插花花器

插花花器的种类很多，从材质上主要有陶、玻璃、木、竹、草编、化学树脂等。它们形态各异，要根据设计的目的、用途、使用花材等进行合理选择。

2. 插花基本道具

花的造型艺术是离不开各种基本的道具的。合理地选择和使用道具可以延长花期，最基本的道具和资材有以下几种：

（1）铁丝（或铜丝）。用来固定或保持花枝的形态或进行人工性的弯曲加工。

（2）黏性胶带。一般用来包在铁丝的外面，常用于防止经过加工后的花材脱水。

（3）花刀、花剪。花刀是剪切花茎、枝条最主要的工具，修剪鲜花的长短时用花刀，因为花刀的切面较平缓，切口要求是斜面，以益于保鲜。而修剪一些韧性的枝条时用花剪。

（4）花泥。花泥是用来固定花材的化学制品。鲜花泥吸水性很强，需要充分浸透水分才能使用，浸水时要尽量使花泥自然吸水，不要施加任何压力，否则会造成外湿内干的情况，直接影响切花的吸水效力。干花泥主要用于干花设计，不能吸收水分。

五、插花的基本原则

插花时我们一般要遵循以下原则。

1. 高低错落

即花朵的位置要高低前后错开，上下、左右、前后层次分明而又趋向统一，避免主要花朵在同一水平线或同一垂直线上。

2. 疏密有致

每朵花、每片叶都具有观赏效果和构图效果，过密嫌繁杂，过疏显空荡。花材应疏密相间，错落有致。一般在作品重心处要密，远离作品重心处要疏。作品中要留空白，有疏密对比，不要全都插满。

3. 虚实结合

花为实，叶为虚，有花无叶欠陪衬，有叶无花缺主体；盛花为实，花苞为虚；中心花为实，藤为虚；正面花为实，侧背花为虚；块状花为实，细碎花为虚；面状叶为实，线状叶为虚等。

4. 仰俯呼应

上下左右的花朵、枝叶要围绕中心顾盼呼应，使作品既有整体性，又有均衡感。花材的仰俯呼应能把观众视线引向重心，产生稳定感、美感。

5. 上轻下重

花材本无轻重之分，只是因质地、形态和色彩的差异，会造成心理上的轻重感。花苞在上，盛花在下；浅色在上，深色在下，使作品均衡自然而富有生命力。

6. 上散下聚

花材各部分的安插基部要像树干一样聚集，拧成一股劲，似为同根生，上部要适当散开、发挥个性、婀娜多姿，使作品既有丰富多变的个性又有同一性。

六、掌握插花技能

学习了以上的插花知识，下面我们就一起来动手制作漂亮的插花吧！

1. 水瓶插花

工具：玻璃瓶、鲜花、剪刀、透明胶带。

第一步：将鲜花上不新鲜的叶子和花瓣小心清除，并把花枝下半部分的叶子全部修剪干净，根部斜剪一下，如图 6－37 所示，并将根部放到清水中保鲜。

图 6－37　斜剪根部

第二步：准备一个高度合适的玻璃瓶，清洗干净，放入大约瓶高的三分之二的清水，清水中放微量的盐可以抑制细菌繁殖，延长花期。

第三步：用透明胶带在玻璃瓶口均匀地贴几条，横向和纵向都需要。贴好透明胶带以后的效果如图 6－38 所示，每个孔都是插放鲜花的位置。

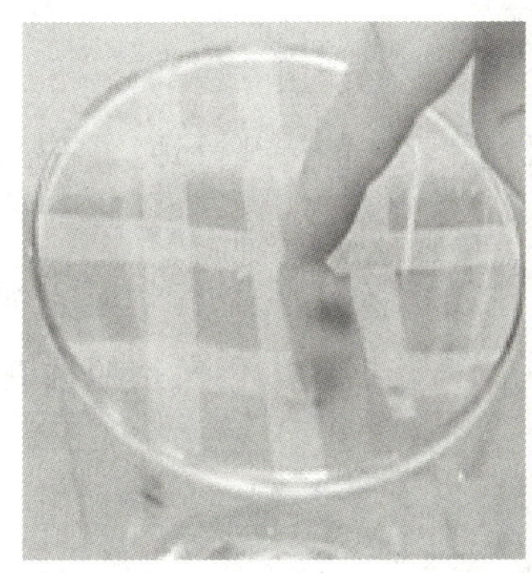
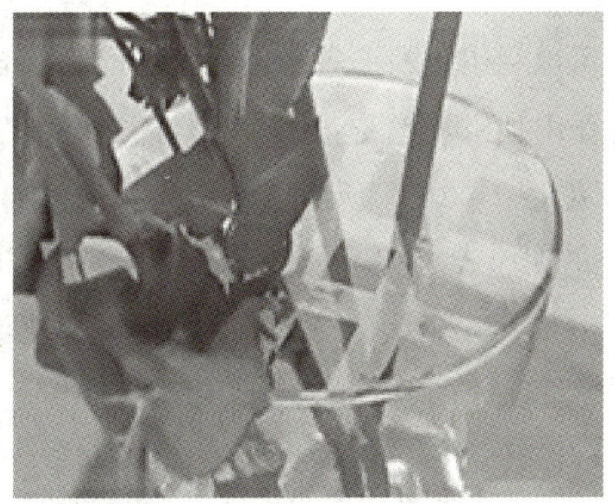

图 6－38　贴胶带

第四步：按照插花的基本原则进行设计。先摆放鲜花，外圈摆放比较短一点的花朵，内圈摆放长一点的花朵，自然形成圆形。全部摆放好以后检查一下，有高低不合适的拿出来修剪一下再放入，然后按照“疏密有致、虚实结合”的原则，插入一些散形花材和叶子加以点缀。一瓶艺术插花就完成了，如图 6－39 所示。

图 6-39 插花成品

这种插花比较自由随意，对技术要求不是很高，很适合日常家庭摆放，放在客厅、卧室均可。

知识链接

(1) 花瓶内的叶子都要修剪干净。否则叶子容易腐烂在水中，滋生细菌。

(2) 冬季每 3 天换一次水，春秋季节每 2 天换一次水，夏季每天都要换水。因为鲜花根茎部容易产生黏液，滋生细菌，所以换水时要洗净根茎及花瓶内部。

2. 花泥插花

我们也可以利用花泥来进行插花，下面简单介绍花泥的使用方法。

(1) 容器中加水，把花泥放入，水深最好能没过花泥。静待几分钟，待花泥吸满水自然下沉，如图 6-40 (A) 所示。

(2) 等花泥全部被水浸透后可取出，按照花器的大小，进行切割，如图 6-40 (B)、图 6-40 (C) 所示，然后将切割好的花泥放入花器内，仍然按照插花的基本原则进行操作即可。

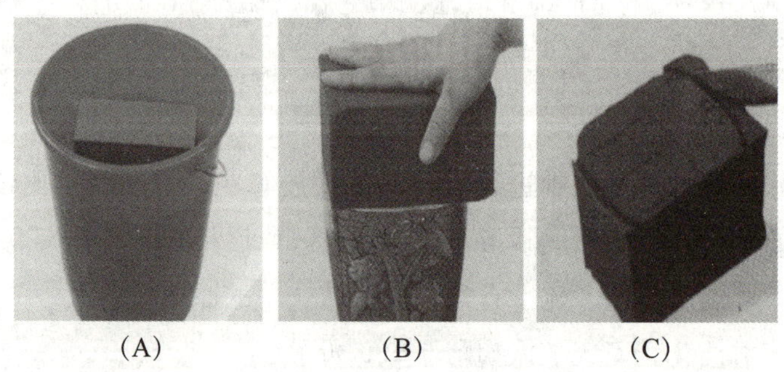

(A) (B) (C)

图 6-40 花泥的使用方法

知识链接

（1）花泥无论是在干的还是湿的状态下，都不可以挤压，因为受到挤压变形后的花泥，不便于固定花枝，同时也不利于保水。

（2）不可把花泥直接压到水里，要让其自然吸水下沉。

（3）用花泥插花，最好一次性插入花枝固定，反复在同一点插花枝，花泥孔洞会变大，会使花枝难以固定，花泥也易破碎。

拓展阅读

家居清洁小技巧

1. 冰箱清洁

在使用冰箱的过程中，应定期对冰箱进行清洁（每年至少两次）。清洁冰箱时要先切断电源，然后再用软布蘸上清水或洗洁精沿着冰箱内壁轻轻擦拭。为防止损坏冰箱涂层和塑料零件，请勿使用洗衣粉、去污粉、开水、刷子等清洗冰箱。

冰箱清洁方法具体有以下几种：

方法一：用洗洁精＋陈醋擦洗

（1）将冰箱断电后用沾湿的抹布先把冰箱擦一遍。

（2）然后再把洗洁精和少许的陈醋倒入清水中，将抹布浸入其中然后拧干，开始擦洗冰箱，尤其是冰箱比较脏的地方，要多擦拭几遍，最后用清水擦净，直到没有清洁剂的成分。

方法二：用洗洁精＋消毒酒精擦洗

冰箱的密封条上经常会有霉点，所以这些地方也是需要重复清洁的。用蘸有酒精的抹布擦拭密封条可以有效地去掉霉点，同时达到消毒的作用。

方法三：用牙膏擦拭

牙膏的清洁效果还是非常好的，可以用来清洁冰箱门板。将牙膏挤在抹布上，然后在冰箱门板有污渍的地方反复擦拭，这样就能让冰箱门板变干净。

方法四：用橘子皮、柠檬皮、茶叶去味

冰箱在使用过程中容易产生异味，而使用橘子皮、柠檬皮和喝茶剩下的茶叶可以有效地去除异味。

清洁完冰箱主体和各种部件后，不要着急关闭冰箱门，应待冰箱内彻底干燥后，再关闭冰箱门，并插上电源。

2. 床上用品清洁

床上用品会与皮肤直接接触，因此平时要注意床上用品的清洁。一般来说，床上用品的清洗间隔应根据季节来判断。夏季建议一周清洗一次，冬季建议两周清洗一次。清洗时，最好挑一个晴朗的天气，以便清洗完的床上用品能够接受紫外线的照射，从而有效清除细菌和螨虫。

3. 玻璃清洁

(1) 有些玻璃用久了会有发黑的现象，对于这种玻璃，可用细布蘸取适量的牙膏擦拭。

(2) 沾染了油漆的玻璃可用绒布蘸取适量食醋擦拭。

(3) 玻璃上的陈迹可用湿布蘸取适量白酒擦去。

(4) 沾染了石灰水的玻璃，可用湿布蘸取适量细沙擦拭。

第七章 劳动改造生活

学习目标

1. 明白维护校园环境的意义，掌握共建无烟校园和维护校园环境秩序的方法。
2. 理解美化家乡的意义，掌握植树造林的作用。
3. 掌握垃圾分类的标准、原则和投放要点。
4. 掌握环境保护的概念，做到保护环境从我做起。

案例导入

培养学生劳动意识，学校设置劳动必修课

某学校设置劳动必修课，内容涉及打扫校园卫生、门岗执勤、学校食堂餐盘清理、参与校园绿化维护等，劳动教育直接与学分学时挂钩，每学期上满 24 学时，才能获得 2 个学分。

学校认为，这是学校人才培养教育的内容之一，旨在培养学生的劳动意识。为开展劳动必修课，学校不仅没有减少开支、减少后勤人员，还拨付专用资金购买服装、劳动工具，安排专门辅导老师指导课程。

参加劳动教育必修课的小邓表示，平时在家她也会做家务，觉得劳动课的方式很好，因为所学专业需要经常在电脑上敲代码，课余生活比较单调，参与劳动可以调节生活，在食堂劳动的时候和阿姨聊天也很开心。“昨天我们小组干完活后，拍了大合照，我还主动发给家人看，他们说挺好的。”小邓说。

另外一名同学也表示认同学校将劳动教育安排成强制性课程的决定，自己把这样的课程当成一种体验，加上劳动课程时间不长，在可接受的范围内，既可以锻炼自己的能力，也能体验到劳动的不易。

第一节　立足劳动——守护校园

一、做绿化环保践行者

生态环境保护是功在当代、利在千秋的事业。我们要清醒地认识到保护生态环境的紧迫性和艰巨性，加强生态文明建设的重要性和必要性，做绿化环保的践行者。

1. 绿水青山就是金山银山

习近平总书记指出：“我们既要绿水青山，也要金山银山。宁要绿水青山，不要金山银山，而且绿水青山就是金山银山。”这一论断深刻地体现了习近平总书记把保护生态放在首位的鲜明态度和坚定决心。

地球是人类唯一的家园，在茫茫宇宙中，除了地球之外，目前尚未发现其他适合人类生存的星球。在这个家园里，除了人之外，还有各种各样人类所赖以生存的生命和物质：花草树木、虫鱼鸟兽、空气、水等。这些生命和物质与人类一起构成了这个和谐的家园。

地球给了所有生命一个适合生存的支持系统——水、空气、光、热以及各种能源等。如果这样的支持系统遭到破坏，不只是动植物的生存环境会受到威胁，人类也会受到不同程度的影响。所以，只有保护环境，保护我们赖以生存的地球，才能保护我们人类自己，才能使人类的文明发展得更远，让人类的生活环境更舒适。

2. 绿化环保行动

保护环境，人人有责。让中华大地天更蓝、山更绿、水更清、环境更优美，需要动员全社会力量推进生态文明建设，需要我们把保护环境化为自觉行动。

(1) 形成绿色价值取向。什么是绿色价值取向？习近平总书记关于“绿水青山”与“金山银山”关系的三个言简意赅的重要论断，就是对绿色价值取向的生动阐释和系统说明。

“既要绿水青山，也要金山银山”，强调生态环境和经济社会发展相辅相成、不可偏废，要把生态优美和经济增长“双赢”作为科学发展的重要价值标准。“宁要绿水青山，不要金山银山”，强调绿水青山是比金山银山更基础、更宝贵的财富，当生态环境保护与经济社会发展产生冲突时，必须把保护生态环境作为优先选择。“绿水青山就是金山银山”，强调优美的生态环境就是生产力，就是社会财富，凸显了生态环境在经济社会发展中的重要价值。

坚持绿色发展，需要我们形成绿色价值取向，正确处理经济发展同生态环境保护的关系，牢固树立保护生态环境就是保护生产力、改善生态环境就是发展生产力的理念，更加自觉地推动绿色发展、低碳发展、循环发展，绝不以牺牲生态环境为代价换取一时的经济增长。

（2）形成绿色生活方式。绿色生活方式与每个人的生活息息相关，体现了人们对绿色发展理念的认同度、践行力。形成绿色生活方式对绿色发展和生态文明的最终实现具有基础意义、关键作用。

保护环境，人人有责；绿色发展，人人应为。这个“应为”，就是倡导和践行勤俭节约、绿色低碳、文明健康的生活方式与消费模式。

推动形成绿色生活方式，需要我们坚持节约优先，强化集约意识，在衣、食、住、行、游等方面形成节约集约的行动自觉；倡导环境友好型消费，推广绿色服装、提倡绿色饮食、鼓励绿色居住、普及绿色出行、发展绿色旅游，抵制和反对各种形式的奢侈浪费、不合理消费。

促进生活方式绿色化，时时可做、处处可为。大到购买节能与新能源汽车、高能效家电、节水型器具等节能环保产品，小到减少塑料购物袋、餐盒等一次性用品的使用，乃至随手关灯、拧紧水龙头，都是在践行绿色生活方式和消费理念，都是在为绿色发展做贡献。

绿色发展是理念，更是实践；需要坐而谋，更需起而行。只要我们坚持知行合一、从我做起，坚持步步为营、久久为功，就一定能换来蓝天常在、青山常在、绿水常在，就一定能开创社会主义生态文明新时代，赢得中华民族永续发展的美好未来。

3. 低碳校园生活

工业革命以来，人类在经济发展的相关活动及在日常生活中排放的二氧化碳，大大超出了地球对二氧化碳的自然负荷能力。这导致全球气候发生显著变化，对全球自然生态系统造成了严重的影响。于是，人类开始反思自己的行为，“低碳”概念应运而生。

所谓“低碳”，就是倡导人们在生活、生产中，尽量减少二氧化碳排放，以减缓全球变暖的趋势。低碳生活则是人们为减少二氧化碳排放，主动、自发形成的一种新型生活方式。在减少二氧化碳排放的过程中，个人的努力具有“聚沙成塔”的意义。

知识链接

如何做环保行动派?

节约用水篇

(1) 用盆和桶接水来洗东西比直接用水冲洗更省水。

(2) 淘米水可用来洗菜或洗碗，洗完菜的淘米水可用于浇花，残余茶水可用来擦家具。

(3) 菜先择后洗，能够避免浪费水。

(4) 改用洗洁精洗瓜果蔬菜为盐水浸泡冲洗。

(5) 将老式旋转式水龙头换为节水龙头。

(6) 少量小件衣物可手洗；使用适量无磷低泡洗衣粉，可减少漂洗次数并降低对水质的污染程度。

绿色节电篇

(1) 空调：1) 根据房间实际需要选择空调功率；2) 夏季使用空调，温度设置在26℃为宜。

(2) 照明：1) 使用节能灯（和普通白炽灯相比，节能灯耗电及热辐射减少80%，使用寿命延长8倍）；2) 随手关灯；3) 充分利用天然采光，减少室内光源能耗；4) 尽可能使用可调光。

(3) 热水器：1) 燃气热水器比电热水器更节能、环保；2) 不使用时，关闭热水器开关；3) 如条件允许，尽可能使用太阳能热水器。

(4) 使用每个插孔有独立开关的节能型插线板，以控制待机能耗，确保用电安全。

(5) 电脑、电视不用时关机，不待机。

绿色消费篇

(1) 选用绿色食品或有机食品。

(2) 买菜和购物用环保袋或菜篮子。

(3) 购买家电选用节能环保的产品。

(4) 装修居室选用环保建材。

(5) 购买汽车要选低排放、省油、节能的。

(6) 不使用一次性筷子、餐盒、塑料袋等物品。

(7) 选用无磷洗衣粉、洗涤剂。

(8) 不吃野味。

(9) 不购买豪华包装的产品。

(10) 饭店吃饭不奢侈浪费，剩余的饭菜打包回家。

(11) 购买二手或者翻新的物品。

(12) 购买可循环利用的产品。

(13) 不买不必要的衣服。

绿色出行篇

(1) 多乘坐公交和地铁等公共交通工具。

(2) 多骑自行车，节能又方便。

(3) 路程不远时步行，健康又环保。

(4) 养成文明驾车的好习惯，合理保养爱车。

(5) 积极响应“每月少开一天车”的环保公益活动。

二、做寝室环境美化者

1. 文明寝室建设要求

寝室是我们学习、生活、休息的重要场所，寝室文明环境建设情况直接体现我们的精神面貌和个人素质，直接关系到我们的身心健康。我们应将维护整洁文明的寝室环境内化为自觉追求，外化为自觉行动。文明寝室建设应达到以下要求：

(1) 文明寝室的环境总体应达到“六净”“六无”“六整齐”的目标。

1)“六净”：地面干净、墙面干净、门窗干净、玻璃干净、桌椅橱干净、其他物品整洁干净。

2)“六无”：无杂物、无烟蒂、无乱挂现象、无蛛网、无酒瓶、无异味。

3)“六整齐”：桌椅摆放整齐、被褥折叠整齐、毛巾挂放整齐、书籍摆放整齐、鞋子摆放整齐、用具置放整齐。

(2) 每天应自觉做到“六个一”、自觉遵守“六个不”。

1)“六个一”：叠一叠被子、扫一扫地面、擦一擦台面、整一整柜子、理一理书架、倒一倒垃圾。

2)“六个不”：异性宿舍不进出，外人来访不留宿，危险物品不能留，违规电器不使用，公共设施不损坏，果皮、纸屑不乱扔。

(3) 在宿舍应杜绝不文明行为。

不养宠物、不在宿舍楼内抽烟、不在门口丢放垃圾、不乱用公用洗衣机等。

2. 特色寝室建设标准

特色寝室宣扬的是一种文化，是一种相互影响、彼此照应、和谐共进的良好氛围，对我们的文化修养、综合素质等各方面的提高有着很大的促进作用。

要建设特色寝室，首先要考虑寝室大部分人的个性、喜好、价值观等，然后再以此为方向营造出别具一格的“特色”文化。如果寝室大多数人都喜欢阅读，便可以考虑建设阅读型寝室；如果寝室大多数人喜欢运动，便可以考虑建设运动型寝室；如果寝室大多数人都对环保有一定兴趣，便可以考虑建设环保型寝室。与此类似的还有创业型寝室、自强型寝室、友爱型寝室、逐梦寝室、音乐寝室等。

在建设特色寝室时，可参考以下标准：

（1）全体寝室成员共同参与特色寝室建设，共同商议并确定特色建设方向。

（2）按照主题特色布置寝室，呈现出的效果要符合指定特色，传递寝室文化，简单、大方、美观，别具匠心、新颖独特、让人眼前一亮。

（3）有与寝室文化对应的“行为习惯养成计划”“寝室团建活动安排”等。

3. 寝室美化设计与创意

（1）美化原则。

1）简单、大方：寝室通常面积不大，没有必要摆放过多装饰品，否则会显得杂乱。

2）温馨、舒适：寝室是放松休憩的地方，在美化时要考虑烘托一种温馨、舒适的氛围，让寝室充满家的温暖气息。

3）营造学习氛围：寝室除了是放松休憩的地方，也是学习的场所，在美化时，要从色彩、风格上考虑这个因素，营造一种安静、适宜学习的氛围。

知识链接

寝室美化小窍门

衣柜整理

宿舍里的衣柜大多都是直筒式的，几乎没有隔断，在放置衣物时往往浪费了很多空间。使用衣柜隔板能够在衣柜中划分出合适的区域，充分规整空间。此外，还可以在衣柜中放一些多层收纳挂筐，这样既能充分利用收纳空间，又能将贴身衣物、帽子、包分类收纳。如果宿舍的衣柜里没有挂衣杆，可以用“伸缩棒”代替。

桌面美化

如何让桌子拥有更多收纳空间？（1）网格板收纳：网格板是一种轻便又实用的收纳工具，而且价格便宜。将网格板放置在桌面旁边的墙上，不仅能够收纳桌面上的小东西，而且能够很好地装饰空间。(2) 桌下挂篮：桌下挂篮能创造隐形的收纳空间，可用于放置各种小物件。

床边装饰

床边挂篮和床边挂袋是寝室非常实用的收纳和装饰工具，不仅能够放水杯、纸巾、书籍等，避免了爬上爬下拿东西，还可以保证床铺的整洁。

(2) 创意要点。

1) 彰显寝室文化。每个寝室都有不同的文化，在美化时要充分考虑自己的寝室文化，做出别出心裁的美化设计。

2) 用材节约，变废为宝（见图 7-1）。低碳、绿色不仅是当下流行的概念，更应是我们一直践行的生活方式。在美化寝室时可以充分利用易拉罐、雪糕棍、牛奶盒、饮料瓶、废纸箱等被忽略的生活垃圾和旧物，做成各种实用的生活用品，不仅创意十足，还能向周围的人传递一种绿色健康的生活态度。

图 7-1　变废为宝

3) 彰显个性。寝室由多个小空间组成，每个小空间都是使用者的“家”。在美化时，每个人都应在兼顾整体风格统一的基础上，充分考虑自己的使用需求和审美偏好，打造属于自己的“私密空间”，彰显自己的个性。

三、做公共区域环境维护者

1. 呵护我们的“家”

校园由物质环境和精神环境构成，不仅为我们提供了舒适的学习环境，还是校园文化的重要表现形式，需要我们每个人合力维护。

（1）物质环境。校园物质环境主要是指经过人们组织、改造而形成的校容校貌和校园学习环境，具体包括校容、校貌、自然物、建筑物及各种设施等。保持校园物质环境的干净、整洁，不仅能为全校师生营造一个舒适的学习环境，还有利于学生形成良好的卫生习惯。

（2）精神环境。校园精神环境是校园的灵魂，是学校师生认同的价值观和个性的反映，具体体现在师生的精神面貌、校风、学风、校园精神、学校形象等方面。积极参与校园精神环境建设有助于改善校园学习风气，并形成一种积极向上的精神文化，感染身处其中的每个人。

2. 共建无烟校园

大量的科学研究表明，吸烟对人体健康的危害十分广泛。世界前八位致死疾病中，便有六种疾病与吸烟有关，即缺血性心脏病、脑血管病、下呼吸道感染、慢性阻塞性肺疾病、结核病和肺癌。

世界卫生组织调查显示，烟草每年使800多万人失去生命，其中有700多万人是因为直接使用烟草，有100多万人属于接触二手烟雾的非吸烟者。

那么我们应该如何预防香烟的危害，共建无烟校园呢？

（1）为了自己和他人的生命健康，也为了保护环境，我们应该约束自己，做到不抽烟。

（2）多了解有关吸烟危害的知识，增强自制力，自觉抵制诱惑。

（3）养成良好的习惯，早睡早起不熬夜，保持身体的健康状态。

（4）交友谨慎，远离那些有不良嗜好的朋友，选择一个良好的交友圈。

（5）积极参加控烟健康宣传活动，增强控烟意识，约束吸烟行为。

知识链接

青少年吸烟不可取　这些危害易产生！

青少年年龄偏小，而且正处于生长发育期，整个身体的机能和抵抗力都比较薄弱，如果在此时养成了吸烟的习惯，将给身体造成非常严重的伤害。

影响肺部健康

由于青少年的年龄过小，其脏器还在发育完善中，若此时养成了吸烟的习惯，将给自己的肺部健康造成严重影响，易诱发一系列疾病。

影响身体机能

在日常生活中，青少年吸烟将严重影响其身体机能，比如少男吸烟易导致其身体瘦弱、抵抗力差；少女吸烟易导致皮肤粗糙、经期紊乱等。

影响呼吸系统

香烟中含有大量的有害物质，如果青少年长时间保持吸烟的状态，将严重影响其呼吸系统的健康。

影响学习

青少年吸烟除了给身体造成健康隐患以外，还会影响其学习。吸烟的青少年精神状态不佳，专注力不够。

3. 维护校园环境秩序

为维护良好的校园秩序，营造一个文明、整洁、健康、高雅的校园环境，建设平安校园、和谐校园，我们应遵循以下校园文明行为规范：

（1）着装整洁得体，仪容端庄。

（2）行为举止高雅，谈吐文明。

（3）爱护学校花草树木，节约用水。

（4）乘坐电梯遵守秩序，先下后上，相互礼让。

（5）遵守学校环境卫生的有关规定，保持学校环境卫生，不随地吐痰、不乱扔杂物。

（6）文明如厕，保持卫生间清洁，爱护其设施。

（7）上课时遵守课堂纪律，候课时不得在楼道内大声喧哗。

（8）爱护教室设施，合理使用教学设备，保持干净整洁的教学环境。

（9）电动车、自行车停车入位，摆放有序。

（10）严禁在教学楼内的教室、办公室、楼道楼梯、卫生间及公共场所吸烟。

（11）观看教学展演展示、听公共课讲座、参加会议等活动时，主动服从现场管理，遵守秩序，爱护礼堂、会议室等设施。

（12）进行教学和汇报演出活动时，要合理使用场地及设施设备，降低环境噪声，防止影响学校周围单位和居民正常工作和生活。

（13）自觉遵守学校的各项规章制度，尊师爱友、团结和睦，共同营造绿色健康的学习氛围和积极向上的工作环境。

（14）参加学校在本市组织的和赴外省、市的教学汇报演出、比赛或游学活动时，保障安全、遵守纪律；尊重当地风俗习惯、文化传统；爱护文物古迹、风景名胜、旅游设施。

（15）如遇突发事件，应当服从学校统一指挥，配合应急处置。

（16）遵守网络信息管理的法律法规和有关规定，维护微信群安全和秩序，自觉抵制不良信息，不传播网络谣言。

第二节　植树护绿——美化家乡

地球是人类赖以生存的家园，植树护绿，我们的家园才有生机。树木，可为人类提供氧气，净化空气，美化环境，有利于生态环境的保护。植树造林不仅可以绿化和美化家园，还可以起到扩大山林资源、防止水土流失、保护农田、调节气候、促进经济发展等作用，是一项利在当代、功在千秋的宏伟工程。世界上很多国家都根据本国实际情况设立了植树节。随着人们环保意识的不断增强、对生活环境美化需求的变化，人们正不断改良引进优质的绿植品种来美化环境和装扮自己的家园。

一、植树造林的意义

1. 植树节的由来

设立植树节是为了倡导人们种植树木，鼓励人们爱护树木，提醒人们重视树木。树木对于人类的生存，对于地球的生态环境保护都起着非常重要的作用。1915 年 7 月，我国规定了以每年清明节为植树节；1928 年，为纪念孙中山先生，把他逝世的那天，即 3 月 12 日定为植树节；1979 年 2 月，在邓小平的提议下，第五届全国人大常委会第六次会议正式通过了将每年的 3 月 12 日定为中国植树节的决议；2019 年 12 月修订通过的《中华人民共和国森林法》，明确了每年 3 月 12 日为植树节。

2. 植树护绿的作用

树木不仅具有很高的经济价值，也具有遮阴避风功能。树木进行呼吸和蒸腾作用，因此有成片树林的地方往往冬暖夏凉，可以避暑疗养。树木能吸附空气中的尘埃而使空气清洁、新鲜。此外，树木在呼吸过程中，产生大量特殊空气，能治疗一些疾病，对人体健康有益，比如，桦树、杨树、桧树等能分泌植物杀菌素，可以杀死白喉、肺结核、伤寒、痢疾等病原菌。道路两旁栽树可以降低车辆的噪声。多种多样的树型、花果和翠绿的枝叶可以美化环境，为人们学习、工作和生活提供理想的环境。

二、履行植树义务，共建美丽家乡

1. 响应植树倡议

2022年3月12日是我国第44个植树节，全国绿化委员会办公室、国家林业和草原局发出全民义务植树倡议书——《履行植树义务　共建美丽中国》，这是国家对人们开展植树活动的号召。近年来，随着人们生活水平的显著提高和居住条件的明显改善，人们对生活环境的要求也越来越高，不仅要求生活在绿色环保的环境中，而且要求绿化有鲜花、不同季节景不同。观赏树作为园林造景中的新成员，能很好地解决这一问题，并且已经广泛应用于城市绿化、庭院景观和家庭阳台景观美化中。观赏树的种植养护是植树护绿的重要形式之一，既能植树造林，又可以美化家园。

2. 观赏树的选择

观赏树的品种有很多，加起来有一万多种。常见的观赏树品种有：山茶树、丁香树、银杏树、水杉树、松树、梅花树、栀子花等。除此之外，还有广玉兰、枇杷树、枫树、泡桐树、合欢树等。

观赏树的种植已经逐渐普及到各地的公园，相信随着我国国民经济水平的提升，家庭庭院以及室内摆放的观赏树也会逐渐普及。

三、掌握植树技能

同学们，学到这里，你是否愿意学习观赏树的栽培和养护，为保护和美化环境做出贡献呢？下面让我们来共同学习一下常见的观赏树——合欢的栽培技术。

合欢又名绒花树，也叫马缨花，属于落叶乔木，树姿优美，叶形雅致，在南方北方皆有种植。合欢一般在6～7月开花，8～10月结果，花开时节，清香扑鼻。合欢花有些细长的淡红色丝状花序，看上去轻盈灵动。合欢有很高的观赏价值，可用作园景树、行道树、风景区造景树等。

1. 环境要求

（1）土壤要求。合欢的适应能力较强，能耐贫瘠，所以它对土壤的要求并不严格，用一般的土壤也能够养活。但是，如果有条件最好使用土层较为深厚且呈微酸性的土壤培育。

（2）水分要求。合欢在各个阶段对水分的要求不同。在它处于生长期的时候，可以适量浇水，让土壤保持湿润。但在冬天的时候需要控制浇水，尽量让它的土壤保持微微偏干的状态。这样可以避免它受冻或者受涝。

（3）光照要求。合欢是非常喜欢阳光的一种植株，不耐阴。培育时应确保环境有充足的光照，否则植株可能难以茁壮生长。夏季树皮不耐烈日，暴晒容易蜕皮生病。

2. 种植技巧

（1）环境选择。选择一片适合栽种合欢的土壤，合欢喜欢偏干的土壤，较为耐干旱，如果有条件的话可选用微酸性土壤来种植合欢。另外，注意种植合欢一定要找排水性足够好的土壤，一年四季都不能积水，保证阳光充沛。

（2）树苗选择。我们去市场上购买树苗时，要挑选那些根系发达、长势苗壮、没有伤口的树苗。

（3）树苗修剪。种植合欢首先要对小幼苗进行修剪，修剪时要注意，剪掉多余不新鲜的枝叶，留三根主要的枝干即可，合欢幼苗萌芽力不强，所以不能修剪得太过。合欢树苗可分为合欢花树苗和银叶金合欢树苗。

3. 合理移栽

树坑大小应保证根系舒展，深度以刚刚埋没原来处于地下的红色表皮为宜，树木间距应不小于 3 米。

合欢最适合在傍晚进行栽植，同时一定要注意连续操作，挖好坑就要立即种植，扶正树干、压实土壤、立即浇水。移栽的幼苗记得要保护好根部土壤团，直接连着根部一起移栽过去，因为小树苗有可能无法很快适应别的地方的土壤，一定要注意不要损坏根部。

如果移植的树苗较大，要用支架来支撑树苗，以防止树苗被大风吹倾斜或倒伏的情况。

4. 施肥浇水

对合欢进行施肥的时候，一定不要使肥料离根茎部位太近，如果肥料离合欢根茎过近的话，特别容易造成烧根的现象。氮肥应该在栽植的时候作为基肥施入，后期应该以磷钾肥料为主，这样可以使合欢茁壮成长，使之枝繁叶茂、花艳果丰，并延长花期。

注意不要浇太多水，合欢不耐水涝，如果浇太多的水合欢没有办法正常吸收，可能会使它的根部整体烂掉。而且浇过多的水会影响土壤的透气性，无法使合欢的根部接触到空气进行呼吸。

5. 适时修剪

为提高合欢的观赏价值，应及时进行旁枝的修剪。通常会在每年冬末剪掉病虫枝或者细枝，在初春发芽时则需要留壮芽，通过这样的方法修剪，到合欢花绽开的季节便可保证较高的观赏价值。

6. 注意防病

导致合欢树感染锈病的元凶通常是金合欢球锈菌，感染锈病后合欢的叶片背后会出现淡黄色的斑痕。染病后需及时剪除病叶，喷洒 75％百菌清可湿性粉剂 400 倍液，10～15 天喷 1 次，连喷 2～3 次。

枯萎病是合欢易感染的一种较为严重的系统性传染病，也是较严重的病害。在发病后，要及时剪除染病的部位，涂抹保护剂，通过绑草加以保护，以防病菌侵入。

第三节　蓝天行动——垃圾分类

如今，“垃圾围城”已成为困扰全球大城市的难题，具体包括填埋场侵占土地、垃圾造成长期污染、垃圾焚烧厂被周边居民抵制等。解决垃圾围城问题，离不开垃圾分类。

一、垃圾分类新时尚

“垃圾是放错了地方的资源。”垃圾分类就是将垃圾分门别类地投放，并通过分类清运和回收，使之重新变成可利用的资源。习近平总书记在上海市考察时指出，“垃圾分类工作就是新时尚”，并勉励大家把这项工作抓实办好。全民参与垃圾分类，具有以下几方面的意义。

1. 减少环境污染

我国现有的垃圾处理方式主要是填埋和焚烧。填埋垃圾时，即使远离生活场所，并采用相应的隔离技术，也难以杜绝有害物质的渗透。这些有害物质会随着地球物质的循环而进入整个生态圈，污染水源和土地，通过植物或动物最终影响人们的身体健康。而垃圾焚烧也会产生大量危害人体健康的有毒气体和灰尘。

其实，有很大一部分垃圾是不需要填埋，也不需要焚烧的。如果我们能够做好垃圾分类，就能减少垃圾的填埋和焚烧，从而减少环境污染。

2. 节省土地资源

填埋和堆放等垃圾处理方式会占用大量土地资源，且垃圾填埋场属于不可复场所，即填埋场不能够重新作为生活小区使用。此外，生活垃圾中有些物质不易降解，填埋后将使土地受到严重侵蚀。

据统计，垃圾分类可以使人均生活垃圾产生量减少三分之二，从而节省大量土地资源。

3. 促进资源的循环利用

很多垃圾的产生源于人们没有利用好资源，将自己不用的资源当成垃圾丢弃，这种废弃资源的行为给整个生态系统造成的损失都是不可估量的。通过垃圾分类，回收可利用的垃圾，就可以将垃圾变废为宝，促进资源的循环利用，从而保护我们的生态系统。

此外，垃圾分类有利于改善垃圾品质，以便更好地进行无害化处理。例如，分类焚烧可起到减量（减少垃圾处理量）、减排（减少污染排放量）、提质（改善燃烧工况）、提效（提高发电效率）等作用。

4. 增强民众的环保意识

垃圾分类是处理垃圾公害的最佳解决方法和最佳出路。垃圾分类能够让民众学会节约资源、利用资源，养成良好的生活习惯，提高个人的素质素养。一个人如果能够养成良好的垃圾分类习惯，那么他就会自觉关注环境保护问题，在生活中意识到资源的珍贵性，养成节约资源的习惯。

二、垃圾分类标准

2019 年 11 月 15 日，新版《生活垃圾分类标志》标准发布，同年 12 月 1 日起正式实施。与 2008 年版标准相比，新标准将生活垃圾类别调整为可回收物、有害垃圾、厨余垃圾和其他垃圾四大类，其对应标志如图 7－2 所示。

图 7－2　四大类生活垃圾标志

新版《生活垃圾分类标志》分别由四大类标志和 11 个小类标志组成，具体如表 7－1 所示。

表 7－1　新版《生活垃圾分类标志》的类别构成

大类	小类
可回收物	纸类
	塑料
	金属
	玻璃
	织物
有害垃圾	灯管
	家用化学品
	电池
厨余垃圾（也可称为“湿垃圾”）	家庭厨余垃圾
	餐厨垃圾
	其他厨余垃圾
其他垃圾（也可称为“干垃圾”）	—

注：除上述四大类外，家具、家用电器等大件垃圾和装修垃圾应单独分类。

分类后的垃圾到底去哪儿了？

可回收物

可回收物通过“直接卖给废品回收企业”“投放到设置在居住区公共区域可回收物收

集容器中”“投放到两网融合服务站点”三种方式进入废品回收系统，然后经再生资源回收服务点、站、场收集后，通过市场化渠道运往各类资源再生工厂再生利用，变废为宝，如图 7-3 所示。

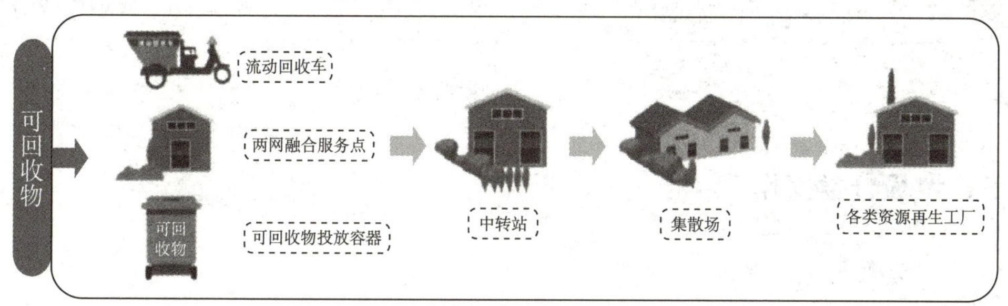

图 7-3　可回收物的去处

有害垃圾

有害垃圾被投放到有害垃圾收集容器后，会由专用的收集车运送到暂存点，随后由环卫专用有害垃圾车辆运输至中转站进行分拣和存储，最后进入各类危废处理企业进行无害化处理，如图 7-4 所示。

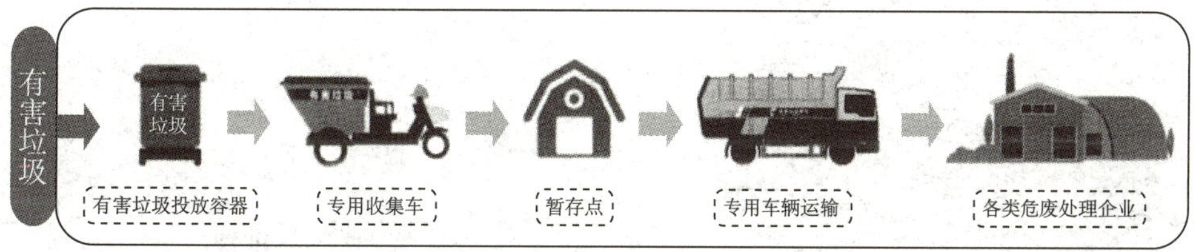

图 7-4　有害垃圾的去处

湿垃圾

湿垃圾被投放到湿垃圾收集容器中后，经分类短驳至垃圾厢房，再由湿垃圾专用收集车辆收运至湿垃圾资源化利用厂，实现日产日清，如图 7-5 所示。

图 7-5　湿垃圾的去处

干垃圾

干垃圾被投放到干垃圾收集容器后，经分类短驳到垃圾厢房，随后由干垃圾专用车辆运输至再生能源利用中心，实现定期清运，如图 7-6 所示。

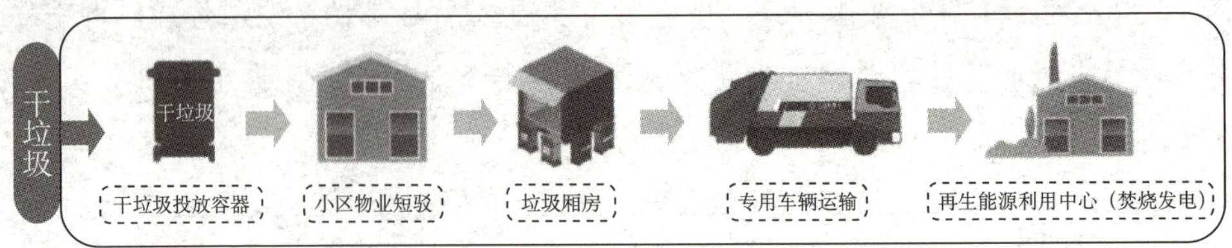

图 7-6　干垃圾的去处

三、垃圾分类操作

1. 分类原则

进行垃圾分类，关键要掌握分类原则：可回收物记材质，玻、金、塑、纸、衣；有害垃圾非常少，主要是废电池、废灯管、废药品、废油漆及其容器；厨余垃圾看是不是很容易腐烂、很容易粉碎；剩余的就都是其他垃圾了，当发现有不能准确判断类别的垃圾时，也可以把它归为其他垃圾。

2. 投放要求

(1) 可回收物。可回收物，指适宜回收，可循环利用的生活废弃物。常见的可回收物如图 7-7 所示。

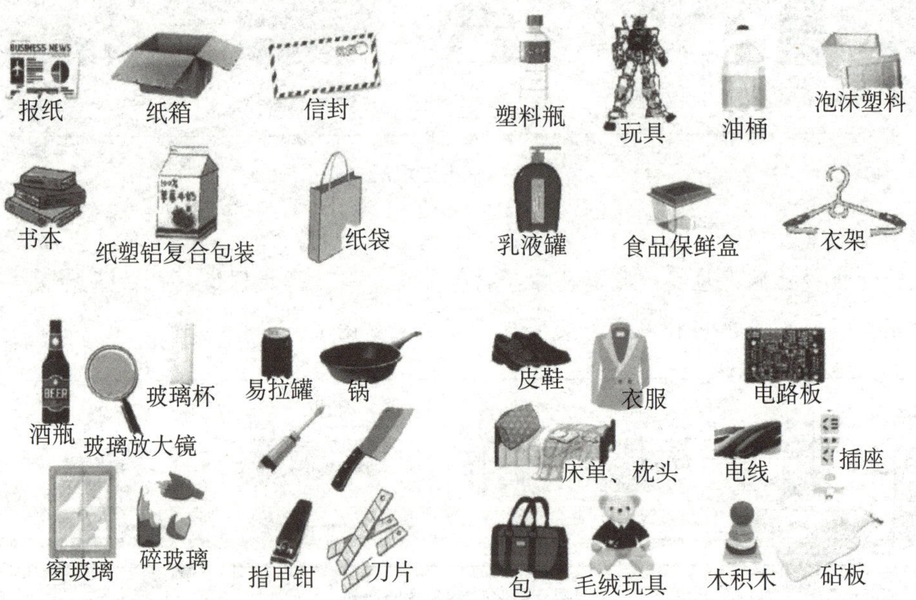

图 7-7　常见的可回收物

投放要求：

1）应尽量保持清洁干燥，避免污染。

2）立体包装物应清空内容物，清洁后压扁投放。

3）易破损或有尖锐边角的应包裹后投放。

（2）有害垃圾。有害垃圾，指生活垃圾中能对人体健康或自然环境造成直接或潜在危害的物质，必须单独收集、运输、存储，由环保部门认可的专业机构进行特殊安全处理。常见的有害垃圾如图 7－8 所示。

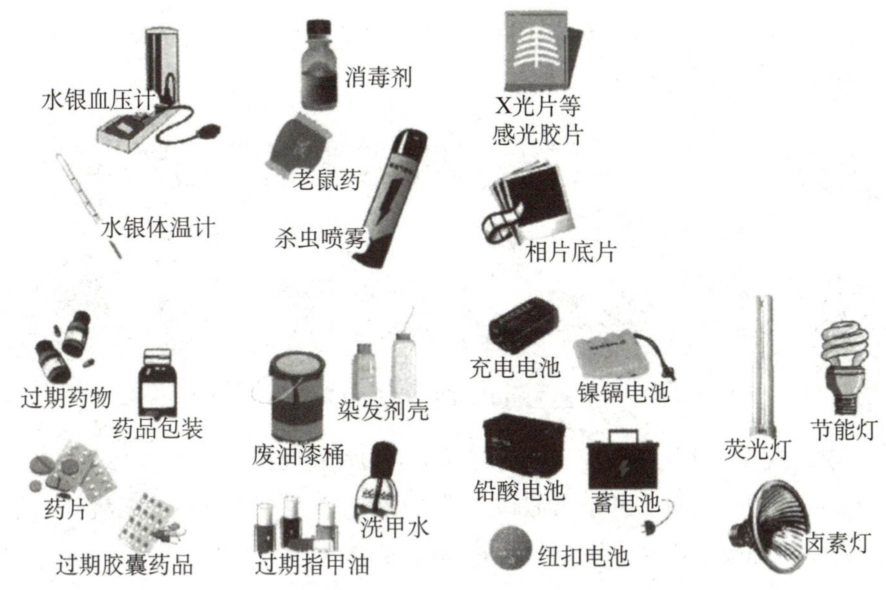

图 7－8　常见的有害垃圾

投放要求：

1）投放时应注意轻放。

2）易破碎的物品及废弃药品应连带包装或包裹投放。

3）压力罐装容器应排空内容物后投放。

另外，公共场所产生有害垃圾且未发现对应收集容器时，应携带至有害垃圾投放点妥善投放。

（3）厨余垃圾。厨余垃圾，指食材废料、剩菜剩饭、过期食品、瓜皮果核、花卉绿植、中药药渣等易腐的生活废弃物。常见的厨余垃圾如图 7－9 所示。

图 7－9　常见的厨余垃圾

投放要求：

1）厨余垃圾应从产生时就与其他几类垃圾分开收集。

2）投放前尽量沥干水分，有外包装的应去除外包装投放。

另外，公共场所产生厨余垃圾且未发现对应的收集容器时，应携带至厨余垃圾投放点妥善投放。

（4）其他垃圾。其他垃圾，指除可回收物、有害垃圾、厨余垃圾外的其他生活垃圾。常见的其他垃圾如图 7－10 所示。

图 7－10　常见的干垃圾

投放要求：投入其他垃圾收集容器，并保持周边环境整洁。

（5）大件垃圾。常见的大件垃圾如图 7－11 所示。常见的有沙发、床垫、床、桌子等，可以预约可回收物回收经营者或者大件垃圾收集运输单位上门回收，或者投放至管理责任人指定的场所。

大型电器、电子产品也属于大件垃圾，如空调、电冰箱、洗衣机、电视机等，处理此类垃圾时可联系规范的电子废弃物回收企业预约回收，或按大件垃圾管理要求投放。

图 7－11　常见的大件垃圾

需要注意的是，小型电器、电子产品包括微电脑、手机、电饭煲等，可按照可回收物的投放要求进行投放。

（6）装修垃圾。装修垃圾，常见的有碎马桶、碎石块、碎砖块、废砂浆及废料等（见图 7－12）。装修垃圾和生活垃圾应分别收集，并将装修垃圾装袋后投放到指定的场所。

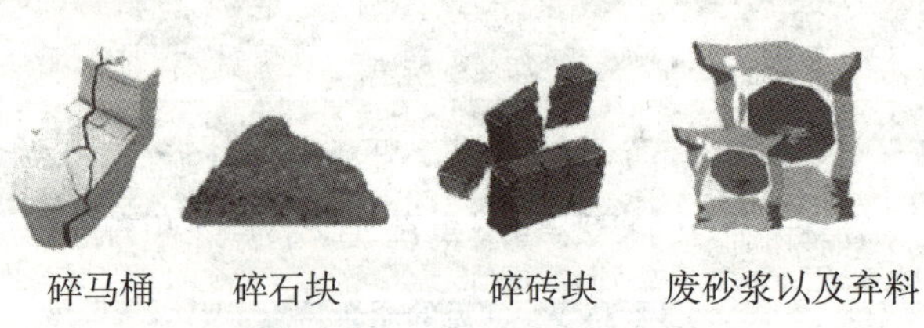

图 7－12　常见的装修垃圾

第四节　美化城市——环境保护

环境保护是一个经久不衰的话题，只要人类还在发展，环保就时刻具有重要的意义。

同学们，当你看到垃圾，你是否会捡起？当你手里有垃圾，你是否会为了方便，随地乱扔？当你看到垃圾随风漫天飞舞，你又有怎样的感受？这三个问题，有许多人回答不出来，不是因为不会说，而是因为我们可能没做到“环境保护，从我做起”。

一、环境保护的概念

环境保护，简称环保，一般是指人类为解决现实或潜在的环境问题，协调人类与环境的关系，保护人类的生存环境、保障经济社会的可持续发展而采取的各种行动的总称。其方法和手段有工程技术的、行政管理的，也有经济的、宣传教育的等。

每年的 4 月 22 日是“世界地球日”，这是一个专为保护世界环境而设立的节日，旨在加强民众对于现有环境问题的重视，通过绿色低碳生活，改善地球的整体环境。

二、环境污染的现状

1. 工业污染

我国作为一个正在迅速崛起的大国，发展经济是我国的第一要务，但工业污染也在严重威胁着我们的生存和发展质量，我们不得不重视。工业废气的排放，使我国的空气质量不断下降，也给我国人民的身体健康带来了严重的危害；工业废水的排放，使我国的水资源不断减少，生产生活面临缺水的威胁；工业废物的排放，使我国的土壤受到严重伤害，面临农业减产的威胁。

2. 农业污染

农业污染的主要原因包括：过度施用化肥，不当使用农药；大量焚烧秸秆，造成土壤中有机质减少；很多农村的小养殖场或者农家畜禽类的粪便处理不当，农村垃圾没有得到合理、快速的处理，以至于造成二次污染。这些污染发生范围广、持续时间长，并且疏于管理，使得农业对环境的污染日益严重。

3. 生活污染

生活垃圾的组成逐渐由以无机成分为主向以有机废物成分为主发展，特别是塑料包装袋引起的“白色污染”，以及有毒、有害固体废物，如医疗垃圾、电子垃圾、废旧电池等混入普通垃圾中，其危害更大。有资料表明，塑料等有机合成的废物，如果与其他垃圾一同填埋入垃圾填埋场，在百年内也难以降解。

三、环境保护的意义

2005年8月15日，时任浙江省省委书记的习近平到浙江省安吉县天荒坪镇余村考察，得知村里关闭矿区、走绿色发展之路的做法后给予了肯定，首次提出“绿水青山就是金山银山”。十几年来，余村一直践行“绿水青山就是金山银山”，“全村百姓的生产生活发生了翻天覆地的变化。平房变成了乡村别墅，家家都有小汽车”。当年的村党支部书记鲍新民说：“正如习近平总书记所说，美丽乡村建设在余村变成了现实。”

2013年9月7日，习近平总书记在哈萨克斯坦纳扎尔巴耶夫大学发表演讲并回答学生们提出的问题，在谈到环境保护问题时他指出：“我们既要绿水青山，也要金山银山。宁要绿水青山，不要金山银山，而且绿水青山就是金山银山。”这生动形象地表达了我们党和政府大力推进生态文明建设的鲜明态度和坚定决心。

2017年10月18日，习近平总书记在十九大报告中指出，坚持人与自然和谐共生，必须树立和践行绿水青山就是金山银山的理念，坚持节约资源和保护环境的基本国策，像对待生命一样对待生态环境，统筹山水林田湖草系统治理，实行最严格的生态环境保护制度，形成绿色发展方式和生活方式，坚定走生产发展、生活富裕、生态良好的文明发展道路，建设美丽中国，为人民创造良好生产生活环境，为全球生态安全做出贡献。

环境为我们的生存和发展提供了必需的资源和条件。随着社会经济的发展，环境问题已经成为一个不可回避的重要问题。保护环境，减轻环境污染，遏制生态恶化趋势，成为政府面临的重要而又艰巨的任务，也应成为每个人的自觉行动。

1. 环保的目的

(1) 防止自然环境恶化。保护青山、绿水、蓝天、大海，具体包括：不能私采（矿）滥伐（树）、不能乱排（污水）乱放（污气）、不能过度放牧、不能过度开荒、不能过度开发自然资源、不能破坏自然界的生态平衡，等等。

(2) 保护人类生存环境。保护人类的居住、生活环境，使之更适合人类工作和劳动的需要。这就要求人们衣、食、住、行、娱的方方面面都要符合科学、卫生、健康、绿色的要求。

(3) 保护生物多样性。具体包括：对地球生物的保护、物种的保全、植物植被的养护、动物的回归、生物多样性、濒临灭绝生物的保护、灭绝物种的恢复、栖息地的扩大、人类与生物的和谐共处等。

2. 环保的意义

(1) 避免土壤遭到破坏。

(2) 减缓气候变化，减少能源浪费，降低温室效应对全人类的威胁。

(3) 防止生物多样性减少。

(4) 避免森林面积减少。

(5) 保护淡水资源。

(6) 降低引起化学污染的可能性。

(7) 美化生活环境，治理混乱的城市。

(8) 避免海洋的过度开发和沿海地带被污染。

(9) 减少有毒气体的排放，减轻空气污染。

(10) 缩小极地臭氧层空洞。

让我们从现在做起，从我做起，为我们美丽的家园，为现有的优美环境，为我们美好的未来，共同努力。

四、环境保护从我做起

1. 垃圾分类

垃圾也是具有利用价值的资源。做好垃圾分类是有效处理、利用垃圾的前提。我们不仅要懂得垃圾分类的知识、做好垃圾分类的宣传，也要做垃圾分类的践行者。

2. 厉行节约

(1) 节约用水。除了要防止长流水、跑冒滴漏之外，还有很多方面需要注意。一是重复利用，比如淘米水洗菜、浇花，洗衣水冲厕所。二是减小用量，比如将马桶水箱的浮球向下调整 2 厘米，洗澡时尽可能淋浴，擦香皂时将水关掉，等等。

(2) 节约用电。一是及时关闭不用的电器，如照明灯、电视机、电脑、充电器等。二是选用节能电器，比如选用节能 LED 灯、变频空调等，虽然价格高一点，但能比普通白炽灯、定频空调节省很多电能，而且使用寿命更长久。三是正确使用电器，比如根据烹调食物的类别和数量选择微波炉的火力，冷藏食物事先解冻后再进行烹调。

(3) 节约粮食。节约粮食是每个公民应尽的义务。浪费是一种可耻的行为。只要时刻保持节约的意识，其实做起来很简单。一是吃饭时吃多少盛多少，不扔剩饭菜。二是在餐馆用餐时点菜要适量，而不应该摆阔气，乱点一气。三是在外用餐时吃不完的饭菜打包带回家，实施“光盘行动”。

(4) 节约纸张。我们平常所用的纸是木材制造出来的，所以珍惜纸张就是珍惜我们的大森林。节约纸张可以从多个方面做起。比如，白纸两面用；将旧练习本中未用完的纸张装订起来，做草稿本；把草稿纸写满；在废报纸上练习写毛笔字；不用一次性纸杯；完全使用过的纸送到造纸厂，重新加工成可以使用的纸张；等等。

3. 重复利用

在生活中尽可能使用寿命长、可重复使用的物品。例如，用铝制饭盒就餐，用布袋或竹篮买菜等；少用一次性的东西，如一次性筷子，因为制造筷子要用很多木材，浪费很多资源；少用一次性桌布、一次性牙刷、一次性雨衣等；减少白色污染，不用一次性的白色快餐盒、塑料袋。

4. 绿色出行

尽量少用私家车出行，外出可乘坐公交车或骑自行车，这样可以减少汽车尾气排放带来的大气污染。

5. 植绿护绿

(1) 植绿。植树造林，绿化家园，是造福千秋万代的大事，是每个公民应尽的义务。我们要积极参加植树活动，多种植树木花草。

(2) 护绿。关心爱护绿色生命，积极参加公共场所的绿化、美化、净化活动，自觉保护身边的一草一木，不践踏草坪、不攀树摘花、不侵占绿地林地、不将火种带入绿区等。看到不文明的行为及时加以劝阻，做一名“绿色护卫者”。积极宣传环保理念，做一名“绿色传播者”。

拓展阅读

全球变暖正在悄悄改变地球的模样

你知道吗？全球变暖正在悄悄地改变着地球的“模样”。

冰川融化改变地貌，城市在消失？

2019 年 11 月，意大利威尼斯经历了自 1872 年以来最危险的一周，整个水城被淹没，遭遇了“末日般的破坏”。有研究表明，随着全球气候变暖，威尼斯可能在未来几十年内被全部淹没，彻底消失。

威尼斯的洪水已然退去，但美国阿拉斯加州沿海小镇基瓦利纳的水，却无法退去。因海平面上升，这个小镇面积正不断缩减。到 2025 年，这里就会被海水淹没。

北极地区的冰川本来在安静地“沉睡”，雄壮美丽。但是，气温升高却让它们慢慢融化消失。冰川融化背后，是气候变暖加速。自 20 世纪 90 年代起，北极变暖速度是地球其他地区的两倍。

气候变暖威胁栖息地，物种在灭绝！

气候变暖还严重威胁到了北极的象征——北极熊的生存。2019 年北极海冰数量显著减少，习惯在浮冰上生活的北极熊，失去了厚厚的冰层，难以捕猎食物。很多饥饿的北极熊被迫去村庄觅食。

同样面临生存威胁的还有万里之外的孟加拉虎和深海中的小丑鱼。

位于恒河三角洲的孟加拉国孙德尔本斯地区，是孟加拉虎的主要栖息地。由于海平面上升，这一地区预计会在2070年彻底消失，这里的孟加拉虎也会随之灭绝。

电影《海底总动员》中可爱的小丑鱼“尼莫”，也正面临威胁。小丑鱼对栖息地相当挑剔，如果它们的自然栖息地珊瑚礁继续受到破坏，在不久的将来，人类或许只能在电影中与它们“见面”了。

也有一些生物已经与地球告别。2019年2月，澳大利亚官员正式把珊瑚裸尾鼠从濒临灭绝的物种名录转移到了灭绝类别。这是第一种因全球变暖而灭绝的哺乳类动物。

科学家认为，未来几个世纪，气候变暖可能会毁掉三百多种哺乳类动物和鸟类，使更多物种从“濒临灭绝”走向“灭绝”。

呼吸的空气日益浑浊，人会变笨？

全球变暖不仅会导致冰川融化、物种灭绝，也和我们的生活息息相关。多项研究发现，气候变化可能还会导致早产率增加、GDP减少，甚至让人类智商变低。

气候变暖对地球的深刻影响，再次给人类敲响了警钟。

参考文献

[1] 洪应党，朱浩，向米玲．新时代劳动教育教程［M］. 北京：航空工业出版社，2020.

[2] 张文胜，彭勇军，柴全喜．劳动创造美好生活：新时代劳动教育教程［M］. 镇江：江苏大学出版社，2020.

[3] 檀传宝．劳动创造美好生活［M］. 北京：中国劳动社会保障出版社，2019.

[4] 魏茂峰，陈屿．学生劳动生存的教育［M］. 合肥：安徽人民出版社，2012.

[5] 袁国，徐颖，张功．新时代劳动教育教程［M］. 北京：航空工业出版社，2020.

[6] 李珂．劳动教育评论：第 2 辑［M］. 北京：社会科学文献出版社，2020.